# 游泳

## 运动技能系统性训练与提高研究

韩风歌　著

北京燕山出版社

**图书在版编目（CIP）数据**

游泳运动技能系统性训练与提高研究 / 韩风歌著
. — 北京 : 北京燕山出版社, 2022.5
　　ISBN 978-7-5402-6485-7

　　Ⅰ. ①游… Ⅱ. ①韩… Ⅲ. ①游泳—运动训练—研究
Ⅳ. ①G861.102

　　中国版本图书馆CIP数据核字（2022）第064137号

游泳运动技能系统性训练与提高研究
————————————————————
著者：韩风歌
责任编辑：邓京
封面设计：马静静
出版发行：北京燕山出版社有限公司
社址：北京市丰台区东铁匠营苇子坑138号嘉城商务中心C座
邮编：100079
电话传真：86-10-65240430（总编室）
印刷：北京亚吉飞数码科技有限公司
成品尺寸：170mm×240mm
字数：202千字
印张：12.75
版别：2023年3月第1版
印次：2023年3月第1次印刷
ISBN：978-7-5402-6485-7
定价：72.00元

# 前　言

现代游泳运动经过漫长的发展和演变，其理论内容、训练方法已经形成了具有独特内涵的体系。游泳技能的发展和训练水平的提高，其基础在于指导其不断进步的训练理论的完善和训练方法的科学化程度与创新水平的提高。开展关于游泳技能训练理论的研究，有利于促进我国游泳专项运动成绩的提升。游泳训练理论的更新又能够促进训练方法的创新，新的训练理论与训练方法能够在一定时期内影响和带动游泳技能水平尤其是专项训练水平的快速提高。此外，游泳不仅是体育项目，也是人类生存、生活的重要技能，在社会很多领域都具有很强的实用性，这为游泳技能训练的研究赋予了新的现实意义。因此，开展关于游泳技能训练理论与方法的研究至关重要。基于此，作者在查阅大量相关著作文献的基础上，精心撰写了《游泳运动技能系统性训练与提高研究》一书。

本书共有九章。第一章和第二章主要对游泳训练的科学理论基础和科学机制与原理进行研究，从而为游泳技能训练活动的开展提供科学指导，奠定理论支撑。第三章主要研究游泳运动体能训练，体能是技术训练的基础，因此要加强专项体能训练。本章在分析游泳体能训练特点的基础上，重点对游泳运动员力量、速度、耐力、柔韧四项身体素质的专项训练方法与手段进行了研究，最后提出了游泳体能训练的优化策略。第四章重点探讨实用游泳运动技能训练，包括踩水、侧泳、潜泳以及反蛙泳四项实用游泳技术的动作要领与训练方法，该研究具有重要的现实意义。第五章至第八章着重对4种常见泳姿的训练展开研究，包括蝶泳、仰泳、蛙泳和自由泳，在各个泳姿的研究中，首先阐述该泳姿的基本知识，然后介绍它们的动作要领和方法，最后提出了各个泳姿的专门性训练方法。第九章主要从运动营养、运动康复、自我监督三个方面来研究游泳训练科学监督体系的构建，从而保障游泳运动员的健康和训练效果。

总体而言，本书具有以下几个特点。

第一，系统性。本书主要对游泳技能训练理论与方法进行研究，在训练理论方面分析了游泳训练的理论基础和科学原理，并在最后研究了游泳技能训练科学监督体系的构建。在训练方法方面主要探讨了游泳体能、实用游泳技术及常见泳姿的训练与提高方法。总体上结构完整，脉络清晰，内容丰富，具有较强的系统性。

第二，实用性。本书实践部分具有较强的可操作性和实用性，对各种泳姿和实用游泳技术的动作要领描述得详明、规范，提出的各种训练方法和手段可操作性强，且具有实效性。无论是游泳健身爱好者还是游泳运动员都可以从中获益，受到启发，提高自己的游泳技术水平。

第三，创新性。游泳训练是提升游泳运动员竞技水平的必要手段，游泳运动员技能训练及提高离不开科学理论的指导，本书开门见山研究游泳训练的科学理论，提出了游泳训练的科学理论基础和科学机制与原理，为游泳训练提供坚实的理论支撑，具有一定的创新性。另外，本书还从营养学、运动康复等学科视角全面构建游泳训练的科学监督体系，以期为游泳运动员科学训练提供可靠保障，具有实用性和创新性。

总之，本书主要围绕游泳运动技能训练的理论与方法展开研究，在游泳技能训练方法中对游泳体能训练方法、实用技能训练方法及常见泳姿训练方法展开全面研究。期望本书能够为提高我国游泳训练水平、提升游泳运动员竞技能力及运动成绩做出贡献。

在本书的撰写过程中，作者不仅参阅、引用了很多国内外相关文献资料，而且得到了同事亲朋的鼎力相助，在此表示衷心感谢。由于作者水平有限，书中难免有疏漏之处，恳请同行专家及读者批评指正。

作者

2021年12月

# 目　录

# 第一章
# 游泳运动训练的科学理论基础

　　游泳运动训练与运动学理论息息相关，运动生理学、运动心理学及运动训练学等运动学理论为游泳运动训练的安排与实施提供了科学的理论依据，奠定了坚实的理论基础。充分掌握丰富的运动学科知识，严格遵守运动训练规律，运用科学理论去指导训练实践，对提高游泳运动训练效果具有重要意义。本章重点对游泳运动训练的运动生理学、运动心理学及运动训练学等运动学理论基础展开研究，分析游泳训练与这些理论的关系，促进科学理论在游泳训练中的运用与渗透，从而提高游泳运动训练的科学性，提高训练水平和效果。

## 第一节　游泳与运动生理学理论

### 一、游泳运动训练的代谢特点

### (一) 游泳运动训练中的能量供给

　　游泳运动训练中，运动员对营养物质有着大量的需求，但不同的游泳运动员或同一游泳运动员在不同训练阶段对营养物质的需求可能不同，所以说游泳运动员在训练中补充营养的形式和营养物质的比例并不是固定不变的。在游泳运动大周期训练计划中往往会划分几个中周期训练计划和若干小周期训练计划，在不同的训练周期，运动员对能源物质有不同的需求。游泳运动员在训练阶段的能量需求和在比赛阶段的能量需求也是有差别的，而且在不同游泳项目训练中或在不同训练时间段三大能源物质的供能比例也不尽相同。

### 1.肌糖原供能

在游泳运动训练中，ATP的合成主要依赖于血糖和肌糖原这两种物质。在游泳训练中，ATP主要由肌纤维中的糖原所提供。同一块肌肉中不管是活跃的肌纤维还是不活跃的肌纤维，都或多或少存在着肌糖原，所以在一般强度的游泳运动训练中肌糖原可以维持较长时间的能量供给。但当游泳训练达到最大强度时，人体中有限的肌糖原只能维持5~10分钟的能量供给。游泳运动员在单项训练中耗尽体能肌糖原的可能性很小，但如果是进行组合训练，持续时间较长，那么肌糖原就会大量减少甚至耗竭。有关实验结果显示，当游泳运动员进行总距离3 000~6 000米的间歇训练后，对其肩带肌肉进行活检时发现肌糖原几乎完全耗竭。当运动员在训练中肌糖原提供的能源不足时，体内的肝糖原也能给予适当的补充，而且能够使机体血糖水平维持稳定。

### 2.脂肪供能

人体中最大的潜在能源物质就是脂肪，人体皮下脂肪组织中和肌肉中储存了大量的脂肪。脂肪代谢就是有氧氧化的过程，然而代谢速度十分缓慢，因此在短距离游泳训练中无法通过脂肪代谢而提供机体所需能源物质。但这并不是说在短距离游泳运动中脂肪代谢毫无价值，它也有自身存在的意义，提供再合成ATP的能量正是其意义所在。

脂肪代谢在较长距离的游泳间歇训练中为机体提供较多的能量。比如在游泳训练时间为2小时的情况下，人体所需能量中有30%~50%就是由脂肪提供的。在长距离或长时间的游泳训练与比赛中，以脂肪供能为主，游泳训练的持续时间越长，脂肪供能在总供能中所占的比例就越大。但是大部分游泳项目具有时间短、速度快、高强度的特点，在只持续几分钟的游泳项目中，脂肪供能在总供能中所占的比例一般不足10%。

脂肪代谢在系统训练中可以产生较多的能量，使游泳运动员对肌糖原供能的需求减少，而对脂肪供能的需求增加，这样就可以节约肌糖原，使剩余的肌糖原为游泳运动员进行快速无氧训练（经过长时间的间歇训练后进行的训练）而供能。此外，提高脂肪代谢能力，还能节约肌糖原，避免消耗过多，从而使游泳运动员能够在连续几天的高强度训练中获得所需能量。

### 3.蛋白质供能

蛋白质供能在总供能中所占比例并不高，虽然不能大量供能，但可以促进游泳运动员在训练中适应能力的提升。构成蛋白质的20多种氨基酸分子中必需氨基酸有9种，人体必须通过摄取食物来补充必需氨基酸，满足机体在这方面的需求。

在游泳运动中，游泳运动员要参加系统性的训练，就必须补充足够的必需氨基酸。蛋白质的功能很多，如对肌纤维内酸碱平衡的控制离不开蛋白质的参与，提高肌纤维能量以合成ATP的过程中也需要蛋白质参与。鉴于蛋白质的重要性，游泳运动员必须重视对蛋白质的补充，但也不宜补充过多，补充过量会对运动员对训练的适应程度造成影响。运动员只要平时注意平衡饮食基本就能满足机体所需的蛋白质了。

## （二）游泳运动训练中的能量消耗

游泳运动项目根据距离长短可分为短距离项目、中距离项目和长距离项目，不同距离的游泳项目能量代谢特征不同，但不管哪种游泳项目，在训练和比赛中都需要三大能量系统来提供能量，只是三大系统的供能比例因项目不同而有所差异。

（1）在短距离游泳项目（50米、100米）训练和比赛中，以糖酵解供能和磷酸原供能为主；

（2）在200米、400米的中距离游泳项目训练和比赛中，以有氧代谢供能和糖酵解供能为主；

（3）在500米、1 500米的长距离游泳项目训练和比赛中，主要供能系统与中距离游泳项目相似。

不同距离游泳项目中能量系统的供能比例见表1-1。

表1-1　不同距离游泳项目中能量系统的供能比例[①]

| 比赛距离 | 比赛时间 | 有氧代谢 | 无氧代谢 | |
| --- | --- | --- | --- | --- |
| | | | 糖酵解 | 磷酸源 |
| 25米 | 10～15秒 | 很少 | 1%～10% | 90%～98% |
| 50米 | 19～30秒 | 2% | 2%～20% | 78%～98% |
| 100米 | 40～60秒 | 10% | 15%～65% | 25%～80% |
| 200米 | 90秒～2分钟 | 25% | 60% | 10%～30% |
| 200米 | 2～3分钟 | 40% | 50% | 10% |
| 400米 | 4～6分钟 | 50% | 40%～55% | 5% |
| 800米 | 7～10分钟 | 60% | 30% | 5% |
| 1 000米 | 10～12分钟 | 65% | 25% | 4% |
| 1 500米 | 14～22分钟 | 70% | 20% | 3%～10% |

游泳运动训练中，运动员的能量消耗与其采用的泳式、训练时间、训练强度等因素有关，在一次极限强度训练中，也就是泳速比比赛时低时，通过测定摄氧量可以评估能量消耗。游泳运动员提升自己的技术能力有助于在训练和比赛中减少能量消耗，游泳运动员的专项技能水平在很大程度上决定了其在训练和比赛中可以节省多少能量。虽然游泳运动员在训练和比赛中为了维持身体姿势和克服水的阻力，都需要消耗一定的能量，但技术能力强的运动员消耗的能量比较少，节约的能量比较多，这样就能延迟疲劳现象，为坚持到比赛最后阶段时发力赶超提供了基础。

---

① 程燕，许琦等.游泳运动训练科学化理论及方法的研究[M].北京：北京体育大学出版社，2006.

# 二、游泳运动训练的生理适应理论

## （一）运动训练的适应模式

在运动训练中，采用不同的训练形式或训练方法会产生不同的生理适应，如短距离速度冲刺训练中，肌肉在高强度的负荷刺激下活动就像要提起很重的东西一样。在长距离耐力训练中，耐力负荷长时间作用于肌肉。采用单一的训练形式或方法提高速度与耐力是较难的，而且有些训练会限制速度与耐力的发展。运动训练中本身就存在很多限制因素，而且有些因素被证明不管在什么情况下都会阻碍正常训练，很难有转机，确定运动训练中的确定限制因素、非确定限制因素或非限定因素后，会更清楚哪些因素对训练更重要，要大力挖掘与充分发挥重要因素的积极作用。

不同训练方法对机体的刺激以及引起的机体适应是不同的。以最大力量训练为例，要增强肌肉力量，就要加强力量训练，但这种训练基本不会提高肌肉收缩速度和耐力。游泳训练中同样如此。不同距离的游泳训练中采用不同的训练方法，侧重点自然也不同，短距离游泳训练以强度训练为主，长距离游泳训练以耐力训练为主。在一个完整训练计划中，不管是什么项目的游泳运动员，既要进行长距离耐力训练，也要进行短距离强度训练，因为很多游泳运动员会报名参加多个项目的比赛，所以既要练力量，也要练耐力。

在游泳训练中，运动员受到运动负荷刺激，引起机体适应，包括局部适应和全身适应两种类型，长跑、游泳、自行车等耐力运动能够增强机体整个心血管系统的功能，但跑步、自行车等项目不会提升有关游泳的神经肌肉耐受力。

### 1.一般适应模式

在一般适应模式中，机体受到负荷刺激而产生生理适应，这个过程包括下列几个阶段。

（1）警觉阶段

机体受到外界刺激，最初反应就是警觉，应激能力较弱，如果刺激强度大，将可能引起严重的后果（图1-1A）。

（2）抵抗阶段

当机体受到的刺激与机体的适应能力旗鼓相当时，那么机体继续应激，不再被动警觉，应激能力提升，甚至高于正常值（图1-1B）。

（3）耗竭阶段

同一种刺激长期作用于机体，机体的适应能力越来越强，当最终适应结束时，机体再次进入警觉状态，但不同于最初的警觉，这时的警觉具有不可逆性，严重时会有生命危险（图1-1C）。

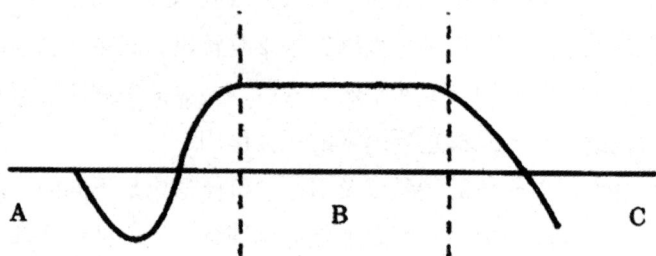

图1-1　机体对刺激的一般适应[①]

### 2.常见适应模式

在一般适应模式的基础上，雅克夫列夫和康希尔曼又先后分别提出了超量补偿适应模式和高级适应模式，分别如图1-2和图1-3所示。这两种新模式提出了训练在机体适应过程中所起到的作用。

① 陆一帆，方子龙，张亚东.游泳运动训练生理生化及运动医学的理论与实践[M].北京：北京体育大学出版社，2005.

（1）超量补偿适应模式

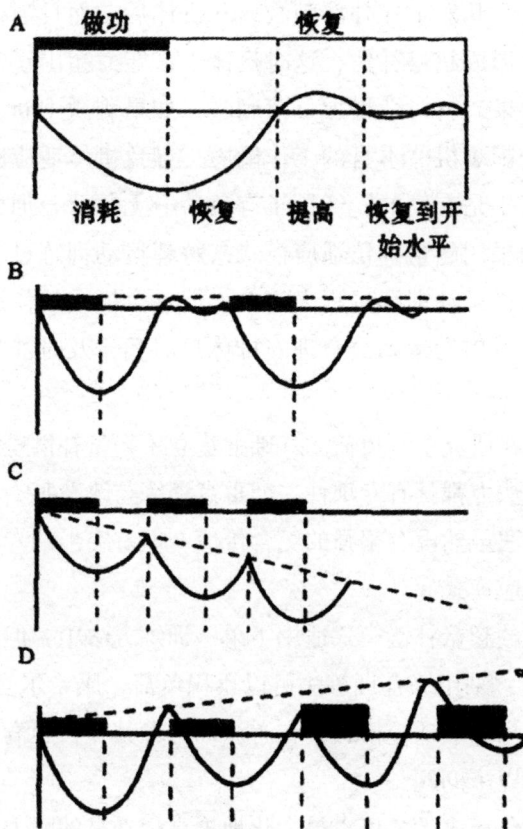

图1-2　超量补偿适应模式[1]

注：

A：警觉反应；

B：成绩变化阶段训练中的机能潜能；

C：在机体未完全恢复时重复训练，导致身体活动能力下降；

D：在超量恢复阶段安排训练，身体机能水平将随负荷量的增加而提升。

① 陆一帆，方子龙，张亚东.游泳运动科学训练与监控[M].北京：北京体育大学出版社，2007.

超量补偿适应模式与一般适应模式及高级适应模式在适应的发生时间和机体恢复上有不同的观点。雅克夫列夫指出，机体受到负荷刺激时不会发生适应性反应，其发生在外部刺激离开机体后。而且当机体疲劳恢复效果良好时，就会形成超量补偿，这时机体工作能力超出正常水平。而要达到超量补偿的效果，就持续增加负荷刺激，如果刺激中断，不仅不会出现超量补偿，还会影响机体本身的工作能力，导致机体适应能力下降。由此可见，适应的产生是有序的，经历了有负荷→无负荷→加大负荷→无负荷的循环过程。如果用超量补偿适应模式来解释运动训练过程中运动员的机体变化，就会显得运动训练过程太简单。但这个模式的作用在于其强调机体恢复的重要性，启发运动员合理安排休息时间，及时消除疲劳，提高身体机能水平。

雅克夫列夫在研究单一负荷的基础上建立了超量补偿模式，基于该模式而形成的训练方法大都具有专项性，即重点训练与改善某一方面的身体素质或机能，训练方法虽然没有很强的综合价值，但有突出的专项价值。

（2）高级适应模式

雅克夫列夫的超量补偿模式适用于单一训练方法中，但游泳训练中有很多综合训练方法，采用综合训练法可以累积负荷。康希尔曼基于"负荷+负荷"的理论而提出高级适应模式。在游泳训练尤其是长距离项目训练中，教练员经常要思考以下问题。

第一，训练负荷多大才可以最大化地提高运动员的耐力？

第二，运动员的机体能承受多大程度的负荷？

第三，在毫无疲劳状态下训练和轻度疲劳状态下训练哪种效果更好？

第四，出现疲劳后要继续坚持训练还是暂停训练？

康希尔曼的高级适应模式对上述问题给出了解释，如图1-3所示。

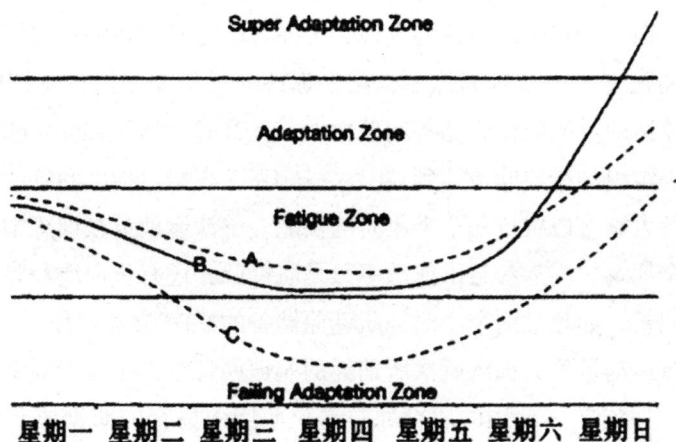

图1-3　高级适应模式①

注：

A.周一到周五进行中等强度训练，周六和周日降低负荷，身体机能恢复并超过初始水平；

B.周一到周五进行大强度训练，周六、周日降低负荷，出现超量恢复；

C.运动员进行超大强度训练，造成机体不适应，即使降低负荷也难以恢复正常的身体机能水平。

## （二）游泳运动员训练能力适应性的提升

对于游泳运动员来说，提高训练能力的适应性非常重要，提升这方面的能力有助于使游泳运动员坚持更长时间的大强度训练，在比赛中延迟出现酸性疲劳症状，并能促进脂肪代谢率的提升和肌糖原储备的增加，为训练或比赛供能而提供保障。

### 1.提高肌糖原的储备

在游泳运动训练中，肌糖原是非常重要的供能物质，要保证糖原储备充

---

① 陆一帆，方子龙，张亚东.游泳运动科学训练与监控[M].北京：北京体育大学出版社，2007.

9

足，就要保证饮食好、休息好，不管是短距离游泳项目，还是中长距离游泳项目，在训练计划中都要特别重视关于提升肌糖原储备的相关训练安排。

中长距离游泳项目训练中，耐力训练非常重要，经过系统的耐力训练后，游泳运动员的肌糖原储备明显增加，提升幅度达到40%~60%。几乎每千克肌肉组织的糖原储备达到120克~160克，在特定强度的游泳训练中这些糖原储备大概可以维持一个半小时的供能。游泳运动员在训练中肌糖原不会轻易完全耗竭，因为参与供能的不只是肌糖原，还有蛋白质和脂肪。但如果训练时间长，如超过两个小时，肌糖原储备的2/3就会被消耗掉。

游泳运动员每天训练两次所消耗的肌糖原肯定大于每天训练一次消耗的肌糖原，肌肉实际动用的肌糖原总是比肌肉中储存的肌糖原要多。因此游泳运动员不适合连续几天都进行大强度训练，要适当穿插小强度的调整训练，保持轻松的训练状态，或者进行短暂的休息，这样才能明显恢复肌糖原储备，达到超量恢复的效果，超量恢复出现后，肌糖原储备要比训练前多40%~60%，也就是要比正常水平多这么多。要达到超量恢复效果，也不能只靠休息和调整训练，还需要加强营养，特别是注意补充碳水化合物，每天所补充的碳水化合物所提供的能量至少要占总能量需求的60%。

游泳运动员一方面要想方设法增加肌糖原储备，另一方面也要节约肌糖原，减少使用。耐力水平较高的长距离项目游泳运动员在训练中可动用脂肪和血糖参与ATP循环，参与供能，这样可以减少肌糖原的消耗，避免不必要的流失，节约下来的肌糖原能够成为接下来训练的主要能量来源，使游泳运动员每周的训练频度、训练强度得到提升。

游泳运动员在速度、耐力的混合训练中，机体内大量的肌糖原将会被动用，但同时肌肉在一定的负荷刺激下肌纤维中的肌糖原也会得到增加，所以说肌糖原的消耗和增加是同时的，但要注意并非所有肌肉中的肌糖原都会增加，这只限于参与运动的肌肉。游泳运动员要提升重要肌肉的肌糖原储备，就要多在水中进行训练，让重要肌肉参与运动，从而有针对性地提升肌糖原储备。

2.提高脂肪代谢

在长距离的游泳项目训练中，脂肪代谢作为主要供能方式发挥着重要的作用，但脂肪代谢提供ATP能量的速度是很有限的，所以在长时间的游泳训练中，当脂肪代谢提供大部分能源物质的同时还会有一部分肌糖原参与供能。游泳运动员在大强度的重复训练中，主要由脂肪代谢参与供能，减少了肌糖原的消耗，节省下来的肌糖原可以满足之后训练中的机体能量需求。这样游泳运动员就可以进行很多高强度的训练了，从而能够不断提升训练水平，提升竞技能力。

采用最大强度训练时，不管训练次数多少，耐力训练都可以起到增加脂肪供能的作用。通过耐力训练，机体的线粒体数量和肌肉脂肪储备量都得到提升，这样被氧化的脂肪酸也会增加。以一个两小时的训练计划为例，训练前脂肪供能占总供能的35%～40%，训练后这一供能则提升到50%～60%，增幅显著。女性运动员通过训练而提升脂肪代谢的效果比男性运动员更加明显。

在中低强度运动中，脂肪代谢作为主要供能方式发挥重要作用，所以对于游泳运动员而言，进行低强度、长距离的游泳训练是促进脂肪供能的最佳方式。研究表明，要保证脂肪代谢率达到最高，训练强度就应该在最大强度的50%以下，即70%最大心率（心率130～150次/分钟）。这是因为保持这种强度时，可以提升脂肪代谢酶的活性，从而达到良好的训练适应效果。需要注意的是，只有参与运动的肌纤维才能达到获得提升脂肪代谢的良好效果，因此必须通过游泳专项训练来提升重要肌肉组织的脂肪代谢。

# 第二节　游泳与运动心理学理论

作为心理学的一个重要分支，运动心理学是对人们在运动中心理变化发展的规律进行研究的一门科学。对运动心理学理论的充分掌握及有效应用有助于我们对运动员的各种运动心理有更好的了解，从而更好地指导运动员，通过积极的心理干预而提升运动员的心理素质，使运动员保持良好的积极的运动状态。

## 一、游泳运动员心理素质对训练和比赛的影响

游泳运动训练以提升运动员的竞技能力为主要目的，游泳运动员的竞技能力不仅包含体能、技术，还包含心理和智能，因此在游泳运动训练中不仅要以体能训练为基础、以技术训练为核心，还要以心理和智能训练为保障。心理素质训练极为重要，现在很多游泳运动员的实力都有了显著提升，运动员之间的技术实力越来越接近，通过训练来拉开技术差距已经很难了，因此训练的重点应该放在如何使运动员在比赛中稳定发挥或超常发挥上。在游泳比赛中，如果运动员可以高度集中注意力，集中精神，那么就可能产生比平时更强的爆发力和比平时更快的速度，这将有利于取得更好的比赛成绩。但运动员在比赛中会受到很多因素的影响，一些不利因素会扰乱他们的思绪，使其难以集中精神、集中注意力，无法保持积极稳定的心理状态，这将影响他们的比赛发挥和最终成绩。为了使运动员摆脱不利因素的影响，克服不良心理，在游泳训练中必须加强心理素质训练。

在游泳训练中，如果运动员心理素质不够强，那么将会面临诸多问题与困惑。例如，如果运动员不懂得对自己进行积极的自我暗示，那么一旦产生不良心理，这种状态就可能越来越严重，不良心理不仅会影响运动员正常完成技术，还可能会造成运动损伤等意外伤害事故。心理素质较差的游泳运动员在训练或比赛中面对外界环境的干扰可能产生过激反应，如头晕呕吐、心烦意乱、情绪暴躁等，导致训练或比赛无法顺利进行。此外，在长期的游泳训练中，运动员也可能会因为游泳内容单调、方法单一而产生消极情绪，内心抗拒训练，以至于无法正常发挥，甚至会影响到其正常的生活。

## 二、游泳训练中提升运动员心理素质的策略

### (一) 培养价值观，树立正确目标

开展游泳训练活动，必须先创建良好的物质文化环境，完善场地器材设施，在具备基本条件后，经过长期坚持不懈的训练来提升竞技实力。游泳运动员不可能在短期内迅速提高竞技能力，每一次的进步与突破都是日积月累、一点一滴的成果。因此在游泳训练中，教练员要引导运动员端正态度，树立正确的价值观，要使运动员知道任何回报都是努力付出的结果，只有不断积累，有恒心，有毅力，坚持不懈，才能达到良好的竞技水平。此外，教练员要根据运动员的实际情况而制定恰当的训练目标，为训练活动的开展指引方向，避免盲目训练。恰当的训练目标能够使运动员明确努力的方向，全力以赴去达到目标。

### (二) 塑造性格，培养情操

在游泳运动员心理素质训练与培养中，要特别重视塑造良好的性格和培养高尚的情操。运动员性格外向，阳光向上，能够对自己的情绪进行良好的调控，自觉克服外界环境的干扰，灵活应对训练和比赛中发生的意外，保持稳定心态。这样的性格对运动员来说是非常重要的，所以在游泳训练中要有目的性地引导运动员形成这样的性格。教练员要多与运动员交流、互动，对运动员的性格优势和缺陷有清楚的了解，建立和谐关系，指导运动员克服缺陷，完善性格。教练员对运动员的影响很大，所以教练员要以身作则，积极影响运动员的性格及其他方面，使运动员能够积极面对训练、比赛和生活，从容应对各种问题。

游泳运动员情操的培养也是很重要的，游泳训练和比赛总是比较紧张的，在结束训练和比赛后，拥有良好情操的运动员往往可以很好地放松身心，将注意力转移到轻松的事物中，缓解紧张情绪和愉悦身心。为培养游泳运动员的高尚情操，应该先培养运动员广泛的兴趣爱好，让运动员在训练后

以健康的方式来放松自己，多参加一些积极有趣的活动，陶冶情操，开阔眼界，净化心灵，提升精神境界，从而为参与新的训练或比赛做好心理准备。

## （三）构建心理培训体系

要培养与提升游泳运动员的心理素质，除了要树立正确的价值观，做好目标导向，塑造良好的性格，培养高尚的情操，还应该重视对心理培训体系的科学建构，使运动员学会进行自我情绪调控，学会调整自己的心态，从而在比赛与训练中保持最佳心理状态，提升训练和比赛成绩。提升运动员的情绪调节能力和心态调整能力、提升运动员的自信心是心理训练的主要目的。为达到心理训练目的，教练员应在游泳体能训练、技能训练中融入心理训练，或专门进行心理训练，将多方面的训练结合起来，并从运动员的真实情况出发而制定个性化心理训练计划，有针对性地解决不同运动员的心理问题，改善其心理缺陷，使其保持健康完整的心理和良好的个性。在心理训练中尽可能营造积极向上、健康和谐的团队氛围，使运动员之间建立良好的"战友关系"，树立集体主义价值观，协同作战，为共同目标而努力。

在游泳运动心理训练中，对于比较自卑的运动员，教练员要多鼓励，使他们战胜胆怯和自卑。对于自负的运动员，教练员要时不时指出其问题，多"敲打"。总之，心理训练方案要具有科学性、针对性、可操作性和实效性，提高训练效率，切实提升与改善游泳运动员的心理素质。

# 三、游泳训练中的心理疲劳与恢复

游泳运动是体能主导类项群，动作技术相对简单，具有多次重复的周期性特征，而且训练环境高度封闭、单调，这些因素使游泳运动员在训练中容易产生心理疲劳现象，从而影响训练状态和身心健康。因此必须加强干预，充分了解运动员的心理疲劳情况，采取正确方法有效控制和缓解，及时消除心理疲劳，提高运动员的身心健康水平和运动水平。

## （一）游泳运动员心理疲劳的表现

运动员的心理疲劳主要表现为一系列负面情绪，下面主要对游泳运动员三种心理疲劳的负面情绪进行分析。

### 1.动机疲劳

动机疲劳从运动员的情绪上主要表现为慌乱和抑郁。随着竞技游泳运动的不断发展，游泳比赛竞争越来越激烈，游泳训练的要求、难度越来越高，负荷越来越大，运动员承载着家庭、教练、观众和国家的多重希望，压力非常大，这种情况下如果运动员不能准确定位自己，那么很容易出现动机疲劳。具体表现为对训练、比赛的热情减弱，甚至漠视，难以调动自身的积极主动性，不能充分发挥生理机能潜力。

### 2.注意力疲劳

注意力疲劳从运动员的情绪上主要表现为烦躁、易怒。游泳训练环境比较封闭，训练内容较为单一，运动员每天都要重复大量的划水、打腿动作，休闲时间也基本是在封闭的训练环境中活动。游泳运动员长期在这样的环境中训练，有时可能会产生逃避的想法，他们或分散注意力，或自我宣泄，表现出一些不良情绪，从而导致在训练过程中不专心听从指导，精神涣散，动作失误多，严重影响了训练效果。

### 3.恐惧疲劳

恐惧疲劳从运动员的情绪上主要表现为紧张、慌乱、抑郁等。一些心理素质较差的游泳运动员在长期的训练中易产生恐惧疲劳，将训练看作是压力和累赘，在训练中痛苦不堪，这种疲劳常常出现在训练初期和赛前大强度训练阶段，产生这种心理疲劳的运动员在训练中往往不会全身心投入，存在偷懒行为。

## （二）游泳运动员心理疲劳的缓解

### 1.运动员与教练员友好沟通

在游泳运动训练中，教练员应与运动员多沟通、交流，建立沟通平台，畅通沟通机制，建立和谐关系。教练员和运动员具有人格上的平等性，只有保证了这一点，才能保证双方信息交流的真实性。教练员和运动员之间可以采用多种方式沟通，除了面对面交谈，还有问卷调查、查看训练日记等，通过这些方式，教练员对运动员的心理疲劳及负面心理可以及时了解，从而有效干预，采取正确的方式帮助运动员摆脱负面情绪，走出心理困境，勇敢乐观，积极向上，努力训练。

### 2.实行奖励机制

将奖励机制应用到游泳运动训练中对缓解游泳运动员的心理疲劳，提升其训练的积极性具有重要帮助。奖励的依据不仅包括训练效果、训练目标完成情况、体能和技术测评结果等，还包括运动员的训练态度、配合情况等。适当的奖励有助于使运动员自觉积极地参与训练，激发训练热情，端正训练态度，提升训练效果。

### 3.改善训练环境

游泳运动是水中项目，游泳运动专项训练基本都在水中完成，水环境的特殊性增加了运动员训练的心理负担，运动员的训练心情、训练效果会受到水质、水温的影响，因此必须给运动员提供良好的训练环境，改善水质，保证水温适宜，从而减轻运动员的心理负担。

# 第三节　游泳与运动训练学理论

## 一、运动训练学理论

运动训练学是一门根据各运动项目的共性，从宏观角度对训练过程进行指导、检测和控制的体育应用学科，是专门研究和探索运动训练过程各种规律，以提高运动成绩为目的的理论和方法学，是研究运动训练过程中的一般规律，探讨运动训练的目的、内容、原则、方法、措施及检查与评价的学科。[①]

任何一门学科都有其特定的研究对象。运动训练学也不例外，它的研究对象主要是运动训练的普遍规律，具体如下。

（1）竞技体育的地位和作用。

（2）运动训练的目的、任务和特点。

（3）运动训练原理和原则。

（4）运动训练方法与手段。

（5）身体训练、技战术训练、心智能训练。

（6）训练过程的计划和控制。

（7）运动员选材。

（8）运动负荷与疲劳恢复等。

确立运动训练学的研究对象以后，运动训练学的理论与内容体系逐渐建立起来。运动训练学的理论体系包括自然科学和社会科学两大类，如图1-4所示。

---

[①] 杨桦，李宗浩，池建.运动训练学导论[M].北京：北京体育大学出版社，2007.

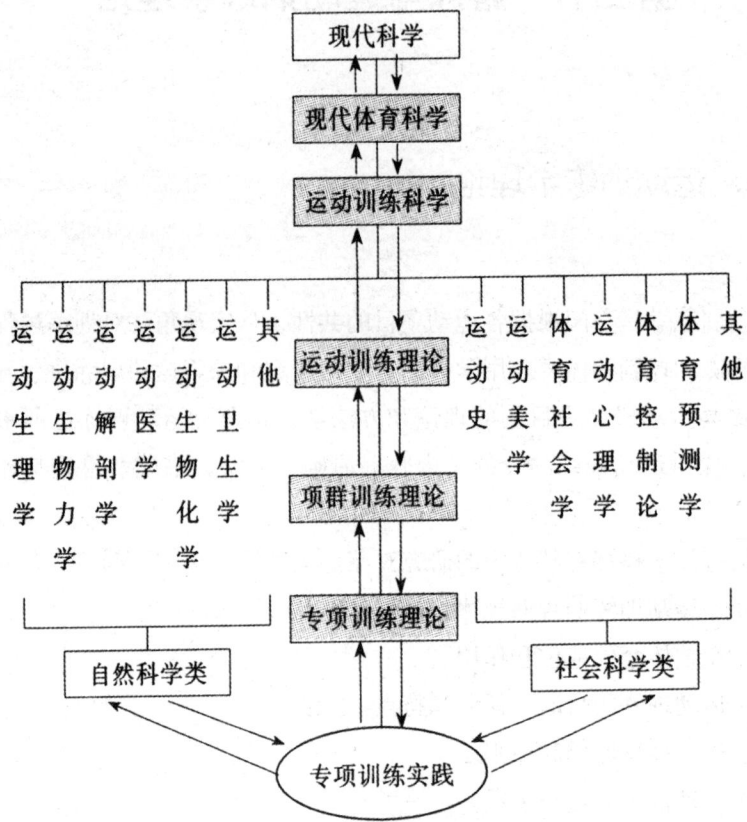

图1-4 运动训练学理论体系[①]

## 二、游泳训练的运动训练学分析

运用运动训练学原理去分析游泳训练，应该注意分析的全面性，包括对游泳技术、体能、战术、心理及智能等多方面的分析。

---

① 曹青军.运动训练理论与实践[M].北京：北京理工大学出版社，2010.

## （一）体能分析

游泳运动对运动员的体能素质要求很高，良好的体力是运动员参赛的基本条件。在游泳训练和比赛中，运动员要将体能合理分配好，既要保证中途游泳的速度，也要保证最后冲刺阶段的加速。因为游泳运动环境的特殊性，游泳运动员的体能训练也应在水环境中进行，并将水中训练和陆上训练结合起来，全面提升体能水平。

## （二）技术分析（以转身技术为例）

在游泳比赛中，运动员要完成多个转身技术，因此在游泳技术训练中，转身技术训练至关重要。高质量的转身技术能够为运动员后面的游泳提供重要的推进力。实验表明，如果将游泳转身技术练熟练精，那么比赛成绩可能会提高0.8~1.2秒。

对游泳转身技术的主要环节分析如下。

### 1.到边动作

运动员转身前要有良好的速度作支撑，但有些运动员快到边时反而降速，原因是水阻力增加了加速的难度，或有些运动员有不好的单侧触壁习惯。这些原因导致运动员转身前不能加快速度，影响了转身技术的快速完成。这是需要注意的一个问题。

### 2.手触池壁

手触壁动作能够为转体提供重要的力量条件，触壁时间较短，尽量不超过0.3秒，这样就能为后面的动作留下更多的时间。这对运动员的身体协调性有一定的要求，运动员要尽可能紧密团身，缩短触壁时间。

### 3.脚触池壁

脚踏的力量及效果是触壁技术的关键。脚踏的力量过大，离开脚踏时在水中的速度过快，受到的阻力也就变大，但如果缺乏脚踏的支撑力量，也无法为转身后的加速提供条件。因此要保证适宜的脚踏的力量。

## （三）战术分析

游泳运动员要有良好的战术意识，在团体赛中尤其要具备这一素质，因此在训练中要特别注意以下几点。

第一，快速入水，对下水指令要有很高的敏感度和反应力，下水后稳定向前游，速度不能下降，转身后先放松呼吸，然后恢复之前的节奏。

第二，在长距离比赛中要对体能合理分配，把游泳节奏控制好，以自己的适应能力为主去控制节奏。

## （四）心理素质分析

在游泳训练中，心理训练必不可少。心理素质对运动员的重要性不亚于体能和技能。在体能和技能水平相当的情况下，心理素质往往对比赛结果起着决定性影响。因此必须加强心理训练，重视心理辅导，促进运动员心理健康素质和运动心理素质的提升。

## （五）智能分析

在游泳训练中，运动员对自己情绪和情感的驾驭是其智能的最终落脚点。游泳教练员要将智能训练融入体能和技战术训练中，并将智能训练和心理训练结合起来，提高游泳运动员的运动智能水平，使其能够很好地驾驭自己的情绪和情感，做一名有智慧的理智的运动员，"用大脑游泳"。

# 第二章
# 游泳运动系统性训练的科学机制与原理

　　游泳是一项有氧运动项目，运动员要想有效地提升自身的运动水平需要坚持不懈地参加训练。与其他运动项目相比，游泳训练有其自身的特殊性。近年来，游泳运动的系统性训练已经发展得较为成熟，并且已经培养出世界级的优秀游泳运动员。游泳运动的训练理论和方法是这项运动的根基，值得进行深入的探讨。本章将从游泳运动的系统训练原理、游泳运动系统训练的原则和方法、游泳运动系统训练计划的制定与实施几个方面展开阐述，将系统训练的原理与实践中训练计划的科学设置以及实施重点进行全面的研究。

## 第一节　游泳运动系统训练的原理

### 一、周期训练理论

　　现代训练周期理论开始向系统性和整体性的方向发展。比如，训练周期将原有的周期分别向两个方向又做了延伸，从原来的年度计划进一步向多年计划发展，与此同时也向更小的周期如周训练计划、日训练计划的形式转化。并且每个训练周期都有更加精细的结构设置，不仅包括详细的训练内容、训练手段，还包括相应的身体数据指标等，可以说现代游泳运动不仅仅是体育的较量，也是科技、科研以及运动理论的较量。并且各个训练周期已形成一个多类别、多层次、多学科的理论结构，形成一个完整的整体并且在每个层次之间有机结合、相互配合。此外，建立了科学完善的评价体系，可以跟踪和检测运动员训练的生理指标，可以及时反馈训练效果。总之，现代训练周期是一个完整的系统，可以全方位地设计和规划训练和比赛等。

目前，世界大部分优秀游泳运动员都是根据比赛来安排训练，将全年分为几个大的阶段，每个阶段再分为5个左右的中周期。在训练的准备阶段大都采用有氧训练为主，在赛前训练阶段以有氧、无氧混合训练为主，最后安排一个模拟训练，然后参加正式的比赛。表1是世界优秀运动员训练安排的大概周期，可以作为参考。

表1　世界优秀运动员训练安排结构[①]

| 周期 | 时间安排 |
| --- | --- |
| 训练阶段 | 5～7个月 |
| 大周期 | 不少于9～11周 |
| 中周期 | 3～4周 |
| 小周期 | 3～7天 |

## 二、质量训练理论

质量训练的含义就是教练员和运动员更加重视每次训练或者每一堂训练课的训练质量，同时摒弃一些效果不明显的训练手段，加强一些真正有效果、更符合专项要求的训练手段，提高训练效率。对训练负荷进行更加科学的安排，而不是一味地增加负荷，希望能靠增大强度提高技能。随着科学技术和运动科学的不断进步，游泳训练已经越来越精细化和系统化，可以更为精确地针对专项能力制定训练内容，选择适宜的训练负荷，提高训练的质量。事实证明，经过舍弃低效的训练方法、突出发展专项能力的训练手段有效地提高了训练质量，避免了不必要的能量浪费。对于运动员而言，在平时的训练中争取在心率160～170次/分，就能达到比赛的速度，那么最后冲刺阶段心率达到最大值，进行突破，这是最理想的状态。

## 三、体能训练理论

一个人的体能通常是由健康体能与运动体能两部分组成的，包括与健康有关的体能和与运动技能有关的体能，是指人体各器官系统的机能在身体活动中表现出来的能力。前者包括心肺耐力、柔韧性、肌肉力量、肌肉耐力、身体成分等，后者包括专项运动中所需要的速度素质、力量素质、灵敏性、协调性、平衡能力、反应能力等。其中一些体能成分既是与健康相关的体能，又是提高运动技能所需要的体能。"体能"是机体在先天遗传与后天训练的基础上所形成的在各项活动中承受负荷与适应环境变化的能力。尽管国内外学者对体能的定义略有侧重，但是有以下几点是一致的：

（1）经过先天遗传和后天体能训练获得。

（2）运动素质是核心。

（3）受外界环境的影响。

## 四、高原训练理论

高原训练理论的研究一般分为两个部分，即实验室研究阶段和实际应用研究阶段。实验室研究阶段主要是指在低压氧舱内逼真模拟高原训练环境，从而对人体在高原状态下的生理机能的变化进行检测、了解和研究。实际应用研究阶段就是当运动员在经过真实的高原训练后，对其机体各项机能的变化做详细的测量并进行研究，主要目的是对高原训练进行评定，以不断改善训练效果、提高运动表现。也有将它分为理论研究、基础研究和应用研究三个阶段的。

现代高原训练主要集中在以下三方面。

（1）集中研究人体生理机能的变化。它主要包括对人体的呼吸系统、血液循环系统、形势结构、代谢潜能、激素、酶等方面。

（2）集中研究高原训练的训练效应。研究高原训练的训练效应是指更加精细化、系统化地对比高原训练与普通训练的区别，在不同指标方面的优势体现，以及探索进行进一步优化的空间。

（3）集中研究高原训练的训练计划。具体包括揭示高原训练对人体生理机能和运动能力的影响和变化规律，以及这些高原训练的形成和变化规律并寻找调控方法，研究高原训练竞技能力的形成和发展规律，进而对高原基地资源的建设提出新的建议和组织实施方案。

但是，同时需要指出的是，目前对高原训练方法还存在很多争议，特别是对高原的高度和强度选择上，对运动技能的提升具有怎么是影响还存在核实的技术难点。并且，个体对环境的适应能力存在很大的差异，这使得高原训练理论的研究更为复杂，截至目前还很难形成一个非常有力的依据。

目前，从训练学角度提出海拔高度一般为1900～2500米，而"高原效应"形成的时间约为4～6周，下高原参赛时竞技高峰一般在18～32天内的结论。

# 第二节　游泳运动系统训练的原则与方法

## 一、游泳运动系统训练的原则

### （一）个体差异原则

每个人都有自身的独特性，一名运动员的各项身体机能、心理水平、性格差异等都会造成不同的训练效果和运动表现。同一名教练，同一时期，同一个场地，训练同一组运动员，其结果却各有不同，这就是个体差异带来的结果。因此，在运动训练中首先需要明确个体差异，并找到影响个体差异的主要因素，最后依据个体的不同因素制定不同的训练方案，通过采取因材施教的方式提高训练效果。通常，影响不同训练效果的个体差异由以下因素组成。

#### 1.遗传

遗传是决定运动员运动天赋的主要原因，同样是有天赋的运动员也具有不同的先天条件，比如有人具有过人的肺活量，有人则是特定类型的肌纤维异常丰富。

#### 2.发育

游泳运动对身体素质要求极高，但是一个人在不同的年龄阶段表现出的运动能力也会不同。因此，相同训练对不同年龄的运动员产生不同的效果也不足为奇了。需要注意的是，在制定训练计划时，要对运动员的年龄和发育情况进行详细的评估。

#### 3.营养

营养是可以促进运动员运动表现的主要客观因素，但是每个人对营养的

25

吸收、利用也存在差异，甚至有的运动员对某些食物或营养物质过敏，那么在摄取营养方面就会造成一定的影响，需要营养师根据训练强度、运动员年龄以及比赛日程等因素制定特殊的营养表。

### 4.休息与睡眠

充分的休息和良好的睡眠是巩固训练效果的关键条件。因此，也要充分尊重不同的运动员对休息和睡眠的差异性要求，以保证训练效果和训练目标的实现。

### 5.动机

关于运动动机心理学做了很多研究，运动动机对运动员的影响非常重要，在这方面也表现出明显的个体差异性，有人更多地受到外部动机激励，有人则主要靠内部动机持续带来动力、克服困难。教练员在训练中应该根据不同人的不同的动机构成以及动机水平进行指导。

## （二）优先训练原则

优先训练原则是指在训练过程中要有主次安排，要选择运动员精神和体力都较饱满的时候进行技术训练，而技术训练之后可以进行一些基本体能训练或者低难度的训练。总之，以训练效果为主，合理安排训练时间和训练内容。

## （三）超负荷原则

超负荷原则是指通过不断地增加负荷来提高运动成绩的方式。但是训练负荷不是越大越好，在具体实施中要把握以下几个要点：

（1）强度：运动负荷要适当，循序渐进地提高强度。

（2）重复：重复次数也是根据运动员的基础和训练目标而定。

（3）总量：运动总量要高于上次。

（4）耐力：提升耐力就要增加训练的工作时间，但是控制速度适中即可。

（5）时间：时间间隔的长短非常重要，要严格控制，否则将影响训练效果。同时，训练的总时长也要在控制的范围之内。

## （四）循序渐进原则

循序渐进原则是进行任何训练或者学习任何新事物都要遵守的原则。要科学合理地增加难度和负荷，结合机体的供能特点和恢复规律安排训练内容将会达到较为理想的效果。如果训练负荷增加太快，运动员有受伤的风险，或者提早进入高峰期而不是比赛期；如果负荷增加太慢则不能产生运动适应。

## （五）专项性原则

游泳训练具有较强的专项性。不同项目的训练内容和训练重点差别很大，比如，长距离游泳运动员会更多地发展耐力，而短距离游泳运动员则加强速度训练。但并不是说长距离项目的运动员不需要爆发力，短距离项目的运动员不需要耐力，而是指各有侧重，加强专项的训练内容。

## （六）变化性原则

变化性原则是指在训练安排方面，应该注意不断地改变训练强度，即一段时间的强度和一段时间的恢复交错进行。一定量的工作必须伴随一定量的休息，高强度的训练之后必须进行较长时间的休息等，这一原则适用于任何周期的训练计划。

## （七）准备活动和放松原则

特别把准备活动和放松整理活动提出，是因为很多人意识不到他们的重要性，以为可做可不做，只要认真把主要训练阶段的内容做到位就好。其实这里面有一些认识上的误区，下面正确认识一下准备活动和放松整理活动的作用。

1.准备活动的作用

（1）热身的意义就是提升身体温度，让身体做好准备，后面进行大运动量的运动时身体才能尽快进入状态，并降低受伤的风险。

（2）提升呼吸频率和心率。

（3）增强柔韧性，减少肌肉受伤概率。

2.放松的作用

（1）加速新陈代谢废物的清除，可缓解疲劳。

（2）有利于阻止抽筋、紧张和疼痛。

## （八）可逆性原则

可逆性原则是指当训练停止或频率下降时，训练效果会退化。因此，对于重要的技能要想保持一定的水平，或者阻止其退化必须不间断地进行训练。

## （九）长期训练原则

对于游泳运动而言，长期训练原则是保持运动水平的关键。一旦中断就会有明显的影响。因此训练要长期进行，无论对于提高技能还是保持技能都非常重要。

# 二、游泳运动系统训练的方法

## （一）持续训练法

顾名思义，持续训练法一般指距离较长、速度适中的训练方法。需要注意的是，进行持续训练时速度不能过慢，如果速度过慢则无法激活有氧代谢系统，达不到训练的效果。在持续训练中身体通过氧化作用获得能量，通过延长训练时间可以有效地提高人体有氧系统，提高有氧代谢能力，从而达到提高耐力的目的。持续训练法在提高耐力的同时还可以训练运动员的意志品质，培养其对速度和动作频率的控制能力，在长距离的游泳中有效控制自己的动作和体能是保持良好心理状态的前提。持续训练法有很多种训练形式，包括匀速地、持续地游2公里、500米打水训练或者1000米划水训练等，对于有一定基础的运动员可以做单次2000米以上的持续训练。

持续训练法是主要针对提高耐力水平的训练，对于提高速度没有太大作用。但是它的使用范围较广，无论是什么水平或者多大年龄，只要想提高耐力都可以选择持续训练法，根据自身现有的水平，通过适当地延长训练时间来提高耐力，当适应该水平之后再延长训练时间，以此类推，通过循序渐进的方式，任何人都可以有效地提高耐力。同时，采用持续训练法需要克服的一个困难是单调和枯燥。特别是本身耐力水平较高的运动员，为了获得更好的耐力，则需要更长的训练时间。有时候为了减少枯燥乏味感，可以通过切换不同的泳姿来调节，或者增加陆上耐力训练项目等。总之，持续训练法是提高耐力水平的最基本也是最重要的训练方法，由于见效需要经过一定的时间，因此进行长距离的游泳训练是每一个游泳运动员要长期进行的训练方式。

### 1.训练方法

（1）练习距离

根据运动员现有的水平，设定800～3 000米或者更长距离的训练任务，要求运动员持续不断地游完该距离，且过程中保持速度不变，即尽量控制动作幅度和频率的稳定性。

（2）练习强度

一般要求以中等强度完成训练，对于初学者可以先从低强度开始练习，心率控制在130～150次/分范围内。

（3）练习方式

泳姿以蛙泳为主，如果是较长距离的话可以采用两种或两种以上的泳姿完成练习，但是要避免频繁切换泳姿，并记录每种泳姿的训练时间。

### 2.训练要点

（1）持续训练法常常被安排在不同周期的训练计划中，以提高和保持耐力。具体的训练量可根据实际需要来制订计划。

（2）由于持续训练要求速度保持适中，动作频率不宜过快，且训练时间长，因此，运动员的神经系统接受的刺激较为单一，很容易造成消极适应，所以在结束持续训练后，可安排适当的短冲速度练习作为调节。

（3）要注意保持技术动作的规范，以及保持技术的稳定发挥，也是训练要注意的一点。

## （二）间歇训练法

间歇训练法和持续训练法刚好相反，它把训练分为很多阶段，每个阶段都有短暂的休息时间，而不像持续训练法那样要求一气呵成，中间不能有停歇。间歇训练法是训练和休息穿插进行，并且在机体尚未完全恢复时继续下一次练习，这样循环往复直到完成训练任务。间歇训练法有助于提高运动员的有氧耐力和无氧耐力水平。

### 1.训练方法

（1）练习距离

一般选择以比赛距离作为练习距离。

（2）练习量

间歇训练法一般都是由多组练习构成，每组之间稍作休息，然后全力以赴下一次的练习。

（3）练习强度

训练强度较高，心率控制在130~180次/分范围内。

（4）间歇时间

每两次练习之间休息20~30秒。

（5）休息方式

在间歇的休息时间要尽量全身放松，调节呼吸，让身体准备好下一次的训练。

## 2.训练要点

（1）快速间歇与慢速间歇

间歇有快速间歇和慢速间歇之分。

如果是混合耐力训练则采用快速间歇法，可以很好地提升运动员的专项耐力。快速间歇法的间歇时间为30秒左右，或休息时间等于一次练习时间。练习强度要以大强度练习为主，强度小则达不到训练的目的。

如果是有氧训练一般采用慢速间歇，时间为15秒左右，练习强度控制在中大强度的范围内。

（2）不同距离的结合训练

间歇训练常常采取不同距离的混合训练方式，例如，长距离训练和短距离训练结合进行，先长距离后短距离或先短距离后长距离都可以。间歇训练要特别注意控制休息时间，可以说休息是训练的一部分，休息太长或太短时间都将直接影响训练效果。

（3）调整间歇时间

可以分为两种情况，一种是训练距离一定，缩短间歇时间，强度不变；另一种是将间歇时间延长，增加训练强度。

（4）调整训练距离和间隔时间

通过调整训练距离或者调整间隔时间都是完成间歇训练的很好方式。间歇时间会随着距离的增加而延长，练习强度会随着距离的增加而适当放低，这些都需要根据运动员的实际情况而定，以及根据训练目标做具体的调整。

（5）递进游

使用递进的方式可以增强练习效果。比如，固定练习距离和间歇时间，通过逐步提升练习强度的方式，即逐渐加快游泳速度来达到训练目标。

（6）交替游

交替游是指将训练分为大强度的快速游和低强度的慢速游两相交替进行。快速游可以提升训练强度，慢速游可以起到促进机体积极恢复的作用。

## （三）短冲训练法

短冲训练法是指运动员全速冲刺，以自己所能达到的最高速度进行练习的方法。它的特点是训练距离较短，一般不会超过25米，而且要使出全力进行。短冲训练能够加强运动员快肌的功能，可以提升运动员的速度和灵敏性，是全年各个训练阶段都可以采用的练习。

### 1.训练方法

（1）练习距离

①15米短距离全速冲刺练习。

②25米短距离全速冲刺练习。

（2）练习强度

短冲练习要求全程保持最高速度，并且寻求一切可能提高速度。它要求每次练习心率保持在120次/分左右。

（3）练习次数

短冲训练不宜过量，在每组练习之后要安排适当的休息。如果多次连续地进行短冲练习，由于运动员的体力大量消耗，到后期因体力不支很难做到全速游，因此多次练习到后面已经失去了意义。

（4）间歇时间

一般而言，间歇时间是全速游时间的5倍左右。

（5）间歇方式

和间歇训练一样，在间歇的时间里尽量放松身体，可以静止恢复，也可以慢速游动积极恢复，同时调匀呼吸。

### 2.训练要点

（1）短冲训练法的使用范围极广，任何年龄段的游泳运动员在任何训练周期计划中都可以安排适量的短冲训练法。

（2）在安排短冲训练法时要注意的是，不同的训练目标要选择不同的训练阶段。例如，如果目的是提高速度，那么应该将短冲安排在准备阶段之后、正式练习之前；如果是为了提升冲刺力，那么就把短冲安排在正式练习结束之后、整理部分开始之前实施。

（3）短冲训练是针对那些对游泳技术已经相当熟练的运动员进行的练习。如果运动员的基本功还不够扎实，动作上还有明显不标准的地方，则应该避免作短冲训练，反而会产生消极影响。

## （四）重复训练法

重复训练法是指在一定时间内对某些技术、某些动作做反复练习的训练方法。在重复训练中，要严格控制重复次数、练习负荷以及休息时间，当然这些都要依据训练任务、目标以及运动员的实际情况而定。并且，在每个环节都可以随时进行调整。重复训练法是提高游泳运动员无氧耐力水平的主要方法，同时还可以增强运动员的神经系统的反应能力。

### 1.训练方法

（1）练习距离

重复训练要确定训练距离、训练时间、训练速度、训练力量等因素，在限定的条件下做重复运动，直到完成规定的任务。一般而言，每次练习距离不超过50米。

（2）练习强度

练习强度的安排是和练习距离直接相关的，如果距离短则运动强度自然较大，如果距离较长那么运动强度就要相应地降低一些。练习强度一般在心率180~200次/分范围内为宜。

（3）重复次数

重复次数根据训练目标、运动员的水平以及训练的实际距离而定，如果总负荷过高也将失去重复的意义。

（4）间歇时间

重复训练法的休息时间是练习时间的2~8倍，具体要根据运动强度而定，整体上的原则就是在机体尚未完全恢复时进行新的训练。

（5）间歇方式

休息的时候在间歇时间里尽量找回自己的节奏，调匀呼吸，让身体放松。可以选择静止一会儿，也可以轻轻活动帮助身体恢复，运动员根据自身的情况来决定。

## 2.训练要点

（1）重复训练法一般安排在训练后期或竞赛赛期，可以加强对技术的熟练程度，但是不要集中地进行重复练习，首先要保证身体的恢复时间，根据运动负荷每周安排一次到两次即可。

（2）在重复练习中，当运动员已经熟悉运动技巧和要点之后，还要有意识地练习关于体能的分配、配合速度的控制、调整练习节奏等。

## （五）模拟训练法

模拟训练法一般安排在比赛前期，它是指将训练设置完全模拟比赛场景，目的是让运动员提前适应比赛的一种训练方法。模拟训练法的训练时间、训练环境、训练要求完全模拟真实的比赛要求，包括环境设置也尽量模拟比赛场馆，为了让运动员的身心都提前进入比赛状态，也可以提前释放紧张的情绪，当迎接真实比赛时可以以更加自如和放松的心态面对。

### 1.训练方法

（1）训练距离

训练距离以比赛距离为准，但是要将长距离分解为一段一段的较短距离来训练。但要将总距离分成短距离，进行分段练习。比如，100米项目分为两个50米；200米分为4个50米或者1个100米和两个50米。

（2）训练强度

训练强度要求每段练习成绩加起来要比一次总距离的成绩要好，以此为基础确定训练强度。

（3）间歇时间

训练间歇一般设置为10秒左右，当然如果一次的游距较长那么可以适当延长休息时间。相反，如果游距较短则应该相应地减少间歇时间，但是无论怎样，间歇时间最少不能少于5秒，最多不能多于14秒。

### 2.训练要点

（1）训练设置一定要高度模拟真实比赛，包括时间、场地、氛围，以及出场顺序、环境等这些因素，总之越接近真实比赛越好。目的是让运动员充分感受到真实比赛的情境，比如环境、背景音乐等这些环境因素能够帮助运动员进入比赛状态，从而达到模拟训练的目的。

（2）模拟训练后应该让运动员总结训练体会，对自己的表现是否满意，等到参加真实比赛时应该做哪些调整或者改进。

# 第三节　游泳运动系统训练计划的制订与实施

## 一、游泳运动系统训练计划的制订

### （一）训练计划的构成

一项运动的有效训练需要遵循系统的、有组织、有计划的训练。训练计划可以被定义为控制训练的进程使游泳运动员达到预计比赛表现的一项合理的策略。训练计划包括长期计划和短期计划，根据时间长短可分为多年训练计划、年度计划、季度计划、月计划、周计划、日计划等，根据训练目的可分为赛前训练计划、赛后训练计划等。但是无论哪种计划，都要包括以下这些基本组成部分。

（1）运动员及其基本情况。

（2）训练目标、任务。

（3）训练的总体原则。

（4）训练的手段与方法。

（5）各训练阶段的训练任务与训练内容。

（6）训练负荷的具体安排与要求。

（7）训练评价的方法、标准和内容。

（8）应对计划外突发状况的预案措施。

## （二）训练目标的重要性

训练目标是训练计划的灵魂，训练计划的制订之初，首先要明确训练目标。一个职业运动员在他的运动生涯中，可能绝大部分时间都是在训练中度过的。但是这些训练并不是简单地重复，或者逐渐提高难度那么简单。当然，训练理念和训练方法并不是一开始就非常科学和完善，也是随着科学进步、研究以及在实战经验的基础上逐渐发展起来的。例如，在约翰尼·韦斯姆勒那个时代，训练计划主要就是持续地打水、划水、转身，或者其他一些技术训练、短冲训练等，虽然他在当时创造了很多世界纪录，取得辉煌的成绩，但是，那样的训练计划放在今天来看，只能算作热身练习而已。由此可见训练计划也在与时俱进，甚至发生了革命性的变化。今天，游泳运动的训练计划具有高度的科学性和系统性，每一个训练计划都严格对应着训练目标，所有的训练目标是达成更大目标的组成部分。训练目标的高度精细化和系统化，是保证训练计划有效性的根本前提。训练目标可以是某一个技术动作的提升、改进，或者是通过对呼吸的练习加强换气的质量这些"小目标"；也可以是在某一个时期达成某一个阶段目标，取得怎样的名次；也可以运动员的最终目标赢得世界冠军等。总之，只有目标明确且科学合理，才能保证训练更有效率，保证运动员清楚自己当下应该怎样分配精力和体力，在作息上、饮食上做相应的配合和努力。可以说，训练目标决定了训练计划和训练方法的选择，也决定了运动员在相应的一段时间内的生活安排。

## 二、游泳运动系统训练计划的实施

### （一）多年训练计划

一般来说，一位奥运会选手的多年训练周期往往是4年，这4年就相当于一段大学生活一样，由无数个训练目标、训练计划和竞赛组成。如果是一个游泳健身爱好者，那么可能意味着一生的训练计划。因此，训练计划的制订之初要先确定训练人员和训练目标。通常来说，游泳运动是可以进行一生的运动项目，因此，它的适用人群非常广泛，不同人的多年训练计划可能千差万别，需要根据具体情况而定。

### （二）大周期训练计划

一个多年训练计划是由几个大周期训练计划组成。大周期的时间界定是按照重要的游泳比赛而确定。不同的比赛项目有不同的训练计划，但是，大周期训练计划仍然较为宏观，只是明确指向比赛成绩的目标，比如要在某次竞赛中拿到几个冠军、几个亚军，或者取得怎样的整体排名等。然后再根据这样的目标进行进一步的计划制订。

### （三）中周期训练计划

#### 1.准备阶段

在确定了大周期训练计划之后，是中周期计划的安排。一般来说一个大周期训练分为三个中周期，即准备阶段、比赛阶段、调整阶段。但是三个阶段并非平均分配时间，其中准确阶段时间最长，几乎占整个周期的二分之一到三分之二以上。在准备阶段的前期，训练重点集中在有氧训练和技术训练方面，目的是提高运动员的技术能力和人体机能。在准备阶段的后期则需要侧重于有针对性的技术训练，并开始逐步加强比赛技能的培养。

## 2.比赛阶段

比赛阶段又将细分为三个阶段：赛前过渡期、主要训练期和赛前减量期。

（1）赛前过渡期是让运动员从准备阶段的基础训练向比赛阶段的大强度训练过渡，增强训练强度，提高机体的效能，为进入主要训练期做好准备。

（2）主要训练期集中采取快速间歇训练法、重复训练法和短冲训练法，以及中高等强度的有氧训练来提高速度。这一阶段由于训练强度加大，应该加强积极恢复和营养、饮食的配合。总之，这一阶段是整个训练周期的顶峰，运动员应该在这个阶段取得各个指标的最高表现。

（3）之后进入赛前减量期。一般在正式比赛前的两周开始要减少训练量，让运动员的体力做一个缓冲，释放前一阶段的高强度带来的疲劳感，为大赛做好准备。

## 3.调整阶段

大赛之后并不是该周期的结束，运动员需要进入一个调整阶段，调整阶段并不等同于彻底休息或者完全停止训练，它是一个大训练周期向另一个大训练周期的过渡，努力让身心恢复到最佳训练状态，并且为下一个训练周期做准备。需要注意的是，在调整阶段不要完全停止训练，因为要保证游泳运动的系统训练必须做到持续不断地坚持训练，一旦停止，那么重新训练的时候都会非常困难。因此，在调整阶段要通过一定的训练来保持人体的中枢适应性，可以降低训练强度，通过陆上力量训练来保持肌肉力量。

# （四）小周期训练计划

在以上提到的准备阶段、比赛阶段和调整阶段，需要再细化为几个小周期训练，每个小周期训练的时间为一周左右。具体的时间将根据训练内容而作适当的延长或缩短。

在小周期训练计划中，要非常详细地进行训练制定，它包括每天的训练任务、内容以及要达到的效果，通过哪种训练方法实现哪种运动技能，要完成几组练习，每组练习的时间，每个动作之间的间歇等。需要提出的是，无论每天的训练重点是什么，都要制订一个书面计划。训练计划就像是行动指南，是实现训练目标的重要保障，不要轻视任何一个练习，每一个小目标都是完成最终大目标的必要条件。如果小的训练糊里糊涂缺乏针对性，那么不可能达到理想的训练效果，实现最终的目标。一个书面的训练计划可以保证每一个训练都有条不紊，保证整个训练系统的有效性。同时还要强调的是，每一个练习都必须包括准备部分、热身运动、主要部分以及结束部分。使用科学的训练方法会让训练事半功倍、更有效率。

下面以小周期为例，制订的训练计划如下：

周一：针对有氧能力的持续性训练。

周二：针对力量或爆发力的训练，可采用快速间歇性训练、短冲训练等。

周三：提高耐力训练。

周四：恢复性训练，放松游或休息。

周五：有氧能力训练，采用慢速间歇性训练、任意变速游。

周六：速度训练，多采用目标设定训练。

周日：恢复，放松游或休息。

要点：

（1）准备部分主要是指充分的热身运动，包括一般部分和特殊部分。一般部分是指持续性训练或慢速打水和划水的练习；特殊部分是指采用慢速间歇性训练来达到热身目的。良好的热身运动可以提高生理上的活跃性，比如提高心率、增加血流速度、增强关节柔韧性以及提高机体温度。特殊热身运动是为了提高神经上的活跃性，充分的一般热身和特殊热身可以为随后的大强度训练做好准备。

（2）主要部分即严格地、高质量地完成每一个训练，提高训练质量。

（3）结束部分主要是一些短冲练习、出发以及转身练习或者一些放松游。结束部分的主要目的是让运动员的精神和身体都逐渐平静下来，让心率、血流都慢慢恢复到正常水平，并排出代谢废物。

# 第三章
# 游泳运动体能系统性训练研究

　　游泳运动对人的体能要求较高，如果没有良好的体能素质，运动员是很难取得理想的比赛成绩的。因此，加强运动员的体能训练研究非常重要。游泳运动员的体能训练主要包括力量、速度、耐力、柔韧等几个方面，作为一名游泳运动员在平时的训练中，一定要做好以上几个方面的系统性训练，全面提高自身的体能水平。

## 第一节　游泳运动体能训练的特点

### 一、运动员身体形态特点

　　与一般的运动项目不同，游泳运动员的身体形态呈现出明显的不同，而即使同样在游泳运动中，由于运动员参与的参赛泳式及项目不同，其表现出来的身体形态也存在着一些差异。比如，长距离爬泳和短距离爬泳运动员的身体形态特点就不一样，导致这种差异性的决定性原因在于不同项目对技术及供能方式等有着不同的要求。

## （一）身高

通常来说，游泳运动员普遍都有着高大的身材，以50米短距离游泳为例，身高对这一项目的运动员而言十分重要。因此，身高可以说是游泳运动员一个非常重要的选材指标。身材高大的运动员往往占据先天性优势，更易取得成功。

## （二）克托莱指数

克托莱指数的计算公式为：（体重／身高）×1 000。通过体重与身高的比例关系，来将每厘米身高的重量表示出来。克托莱指数通常也被称为"肥瘦系数"，也可以将其进一步理解为：作为相对体重或等长体重来将人体的围、宽、厚度以及机体组织密度反映出来。

假设在性别、年龄相同的情况下，该指数的变化为：随着身高的增长而逐渐增大。在进行游泳运动员选材时，这一指标也较为常用，通过这一指标能得到运动员准确的身体信息，从而为选拔出天赋出众的运动员奠定良好的基础。

## （三）体型指数

作为一名合格的游泳运动员，必须要具备发达的肩带肌群，强健有力的肩带肌群能为运动员在划水的过程中提供强大的动力。肩带肌群的发达主要表现为肩膀宽阔。在游泳运动员的各项身体形态结构指标中，体型指数和髂宽占据着十分重要的地位。体型指数公式为：（肩宽-髂宽）×身高／髂宽，这在一定程度上反映了游泳项目对运动员的体形要求。我国绝大部分的游泳运动员一般表现为身材高、手臂长、髋宽较窄，这是一种较为良好的体型，能为运动员参加游泳运动提供良好的条件。

## （四）胸围指数

胸围指数主要反映的是人体宽度和厚度。胸围指数计算公式为：胸围／

体重。作为一名游泳运动员，胸围指数应该比一般人要大一些。游泳运动员在年龄、性别相同的情况下，体重越重，胸围指数越小。胸围指数会随着运动员年龄的增长会逐渐变小。

## （五）臂展指数

臂展，也就是我们通常所说的臂长。臂展也是一项非常重要的衡量游泳运动员身体形态的重要指标。一般情况下，游泳运动员的上肢会直接影响到游泳技术的发挥，良好的臂展会起到增长划水路线和划幅的作用，能为运动员的划水提供重要的帮助。臂展指数的计算公式为：臂展－身高，通常情况下，臂展大于身高，这样的身体形态能为运动员提供较大的先天优势，便于取得理想的运动成绩。

## （六）手、足面积指数

游泳运动员在训练和比赛中，少不了划水、打水等技术动作，这些动作的完成需要手足的良好配合。一般情况下，手大、脚大的运动员往往能在比赛中占据额外的优势，因为手大、脚大的运动员，通常其划水、打水效果更好。根据生理学的基本理论可知，手、足是人体最先生长和发育的部位，在选材时，手足面积指数也是重要的指标。一般来说，手的面积的计算公式为：手长×手宽；足的面积的计算公式为：足长×足宽。选材人员在选拔游泳运动员时，一定不要忽略了这一方面的指标。

## （七）皮褶厚度指数

皮褶厚度是反映人体脂肪组织总含量的非常重要的方面。一般情况下，皮褶厚度指数的计算公式为：肩胛下+脐下，如果脂肪过多，运动者就不便于在水下进行伸展运动，因此人体皮褶厚度一定要适宜，这可以作为游泳运动员选材的一个重要依据。

## （八）肌肉纤维类型

据研究与分析发现，运动项目与肌纤维之间有着非常密切的关系，在游泳运动中，这一关系体现得十分明显。力量素质在游泳运动中扮演着十分重要的角色，其中力量素质中最为主要的是肌肉和肌纤维的横截面、各类肌纤维的比例、肌肉和肌腱的伸展性、骨组织的变化等，运动员一定要重点加强这几个方面的培养和提高。

一般来说，肌肉纤维主要有快肌纤维和慢肌纤维两种类型。其中，快肌纤维百分比高的运动员对于短距离比赛更占据优势；而慢肌纤维百分比大的运动员，则在耐力项目上优势更加显著。据调查和研究发现，慢速训练所影响的主要是慢肌纤维，而快速训练则主要影响的是快肌纤维。因此可见，对游泳运动员肌纤维的构成比的充分了解，对于教练员的选材是非常有帮助的。通常来说，人机体中快慢肌百分比各为50%，如此一来，游泳运动员在耐力运动和力量运动方面都会占据一定的优势，但却绝不会成为任何项目中的优秀运动员。肌纤维的构成越偏向于一边，其成为优秀运动员的可能性越大，但也不能忽视了其他方面的因素。

# 二、运动员身体机能特点

## （一）中枢神经系统的特点

### 1.游泳技能的动力定型的建立较难

游泳属于一项周期性运动，在运动技能方面建立一定的动力定型相对容易。但是由于不同环境的水质是不同的，这就要求运动员事先熟悉水性，从而更好地体会浮力、压力和阻力，在水的寒冷刺激方面建立良好的适应性，消除害怕水的心理。因此，运动员要坚持参加游泳训练，尽可能早地形成游泳技能动力定型，这对于掌握和提高游泳运动技能是非常重要的。

在确定运动技能动力定型之后，运动员要进行一定的巩固训练，通过长期的训练，运动员的中枢神经系统内兴奋扩散情况会得以好转，避免发生意外事故。

### 2.中枢神经系统的机能提高

相关调查与研究发现，专业的游泳运动员在反应潜伏期方面比一般人要短。这是中枢神经系统技能提高的重要原因。还有研究发现，游泳运动员在经过一定时期的训练后，在脑电图上产生了供能改善的现象，尤其是对于青少年运动员而言更是如此。

### 3.易疲劳，但对疲劳的感知程度较低

游泳运动员长时间地参加运动训练，在训练中会消耗大量的能量，容易出现运动疲劳的现象。在这样的情况下，运动员主观上对疲劳的感知程度较低。因此，一定要采取必要的措施和手段避免疲劳。

## （二）呼吸系统的特点

运动员在参加游泳训练或比赛时，呼气和吸气的难度都比较大，比如，吸气时必须克服水的压力。因此，经常进行游泳训练，运动员的胸腔会有所扩大，呼吸肌就会因此而得到锻炼。所以，与常人相比，游泳运动员的肺活量通常都较大，高水平的游泳运动员肺活量甚至高达7 000毫升。这是普通人难以企及的。

## （三）心血管循环系统的特点

据统计，游泳运动员在参加训练或比赛后，血压可达180～200／毫米汞柱，每分钟输出量可达40升。另外，研究还发现，心血管机能与游泳的距离和泳姿之间有着极为密切的关系。

## 1.心率方面

伴随着游泳运动的不断发展，运动员的专项水平也得以不断提升，一般情况下，优秀的游泳运动员，其心率有着一定的性别差异，比如，男性运动员在安静时的心率可以由60次／分钟下降到50次／分钟，最低可达34次／分钟；女性游泳运动员则可以由61.4次／分钟下降到53.4次／分钟，最低可达46次／分钟。由此可见，尽管具体的数据不同，但他们在安静时都会发生心动徐缓的现象。

## 2.血液方面

游泳在血液循环系统方面也有比较大的影响。据调查研究发现，相较于普通人，优秀游泳运动员的血细胞数值和体内铁储备量要占据绝对优势。游泳后血液中的碱储备与游泳的强度和距离之间有着非常密切的关系。比如，中短距离游泳，其有着较大的运动强度，无氧成分较多，这就导致运动员血液中产生的酸性产物比较多，因此游泳后碱储备下降的程度就比较大，一般可以达到45%～50%。再比如，长距离游泳有着较小的运动强度，可以将其归纳到有氧代谢供能的范畴，血液中酸性产物积累较少，因此，游泳后血中碱储备下降的幅度就比较小，通常只有15%～20%。

## 3.血乳酸方面

一般的，可以将血乳酸的浓度测量出来，然后以此为依据，来对糖原无酵解供能进行测量，可以说，血乳酸的浓度已经成为近年来控制训练的一项重要生化指标。以运动时机体内糖原无氧酵解的水平为依据，也可以将血乳酸看作是控制和评价训练强度的依据。

# 三、游泳运动专项体能训练特征

游泳运动员要想提高自己的体能素质和水平，除了加强基础体能训练外，还要结合游泳专项特点进行专项体能训练，专项训练要与游泳技术有关，各项体能素质等都要体现出游泳专项的特征，这样才利于运动员取得理想的专项成绩。

一般情况下，游泳专项体能训练主要有两种方式，即陆上训练和水上训练。在以往的训练中往往存在着重水中训练而轻陆上训练的现象，事实上，陆上体能训练是非常重要的专项训练方式，该训练能够有效促进运动员游泳成绩的提高。陆上体能训练对于促进运动员力量、耐力和协调等方面的素质有着较大的优势，因此一定不要忽视了这方面的训练。但也不能仅仅只进行陆上训练，这容易导致对运动员的身体机能造成不良的影响。因此，一定要将陆上训练和水上训练结合起来进行，依据运动员的身体情况和运动基础合理确定运动负荷，努力提升游泳专项所需的身体素质。

无论是对于游泳爱好者还是专业游泳运动员而言，加强体能训练都是非常重要的。对于专业游泳运动员而言，游泳体能训练主要分为基础体能训练和专项体能训练两个部分，其中基础体能训练要安排在前，为专项训练奠定良好的基础。

# 第二节　游泳专项力量素质系统性训练

## 一、游泳专项力量素质特点

力量是人体其他体能素质的基础，没有力量素质作保障，人体其他素质都难以得到良好的发展和提高，由此可见力量素质的重要性。力量素质在游泳运动员的各项体能指标中占据着十分重要的地位。以流体力学原理为依据，当水中的运动速度不断增加，运动过程中所产生的阻力也会增加，并且这种增加是成倍的。运动员要想有效克服这些阻力，获得更快的速度，就需要具备良好的力量素质。

游泳运动员的竞技水平在很大程度上受到力量素质的影响，一般来说，影响人体力量素质的因素主要有以下几个方面。

第一，包括肌肉和肌纤维的横截面、各类肌纤维的比例、肌肉和肌腱的伸展性、骨组织的变化等在内的形态学因素。

第二，包括磷酸化合物——ATP、磷酸肌酸的储备、肌和肝脏中的糖原储备、外周血液循环效果等在内的能量因素。

第三，包括脉搏频率、肌内协调、肌间协调在内的神经调节因素。在当前的运动训练中，增加肌肉的横截面，在此基础上增大肌肉群，这对于肌肉最大力量的提升所起到的效果是非常显著的。

## 二、游泳专项力量素质系统性训练的方法

### （一）上肢力量训练

#### 1.推小车

训练方法：游泳专项力量素质训练应在平坦的场地上进行。一般来说，在场地上画两条相距10～20米的平行线作为起、终点。将参与者按前后两人一组分成若干组，前后两人一组，站在起点线后，前面的人俯撑分腿于地上作为"小车"，后边的人站于俯撑的人两腿间，两手握其踝关节并抬起，后者作为"推车人"做好准备。当听到开始口令后，俯撑的人用两手交替向前迅速移动，和"推车人"相配合，尽快到达终点，以先到终点的组为胜，然后两人互换，再按此进行比赛。

注意事项：

（1）推车人通过终点为完成游戏。

（2）中途翻倒或停止，应从原地重新开始。

### 2.持哑铃走迎面接力

训练方法：事先准备好两副哑铃，并在场地上画相距10米的平行线。将参与者分成人数相等的两队，每队再分成甲乙两组，分别成纵队面对面站在两条平行线后。游戏开始后，各队甲组排头两臂侧平举双手持哑铃向前走，走到对面将哑铃交给乙组排头，站到队尾，同时乙组排头手持哑铃，向对面走，再将哑铃交给甲组的第二人，依次交接哑铃行进，直至最后一人完成，先完成的队为胜。

注意事项：

（1）手持哑铃走时必须保持两臂侧平举，不允许跑。

（2）不得抢走，否则视为犯规。

### 3.掷靶瞄心

训练方法：在场地上画一条投掷线，距线8米前的地方并排放3个空水瓶，间隔2米。沙包若干个。把游戏者分成人数相等的四个队，面对空水瓶成纵队站在投掷线后，手拿小沙包。游戏开始，各队第一人用沙包投掷自己前面的空水瓶，击倒者得1分，然后把空水瓶竖起；第二人接着投，依次进行，直至每人均投三次后结束，最后得分多的队获胜。

注意事项：

（1）要听口令进行投击和捡包。

（2）击倒别人的空水瓶扣一分。

### 4.四面攻击

训练方法：游戏需在空场地进行，准备沙包4个，小木板1块。在空场地上画一个边长20米的正方形，中间画一个直径2米的圆，将游戏者4人一组分成若干组，先由一组进攻，另一组防守。组织者发令后，攻队每人手持一沙包，按顺时针方向依次向守卫者投掷，防守队出一名游戏者在圆内用小黑板挡沙包，反复进行。如守卫员的身体任何部位被击中，攻队得分，守队换另一人重新防守。在规定的时间内，攻队未击中守卫员，守队得分。每队所有游戏者完成进攻与防守后以积分数量决定胜负。

注意事项：

（1）攻者不得越线投沙包，守者不得出圈。

（2）沙包落地时，守卫员可将沙包踢出线外，进攻者可进场地内捡沙包。

## 5.投弹掷靶

训练方法：在空地上画一条直线为投掷线，自投掷线向前15米起，每5米画一横线为一个区，共画五个区，由近而远，分别标明2、4、6、8、10的得分号码，准备沙包10枚。把游戏者分成人数相等的甲乙两队，排列在助跑道的两边，各队前五人手拿沙包做好准备，两队各派一人站在落沙包区外作记录员。游戏开始，甲队前五人按顺序依次助跑向前投掷，每沙包落地后记录员即大声报告得分，五人均投完后统一拾沙包，并跑步归队，将沙包交给本队下五位队员后，排至队尾。当甲队队员拾沙包离区后，乙队前五人即助跑向前投，方法同前。各队交叉依次进行，每人均投一次后计算累积分，以积分多的队为胜。

注意事项：

（1）必须用助跑投掷，其他同沙包投掷规则。

（2）投出最远区而有效者得20分。

# （二）下肢力量训练

## 1.步步高

训练方法：在进行训练前需要准备踏跳板2块，不同高度的跳箱6架。在场地上画一条直线作为起跳线，线前依次并排放置2块踏跳板、2架一节跳箱、2架二节跳箱和2架三节跳箱。将游戏者分成人数相等的两队，分别成一路纵队面向跳箱站立。组织者发令后，各队列队依次双脚跳在踏跳板上、跳箱上，最后向前跳在地上，然后左队从左侧、右队从右侧跑回起跳线，以全部跑回起跳线最快的队为胜。

注意事项：

（1）发令后才能开始跳跃。

（2）游戏者必须用双脚同时向前跳，必须依次跳在各个跳箱上，不准漏跳，否则重跳。

### 2.穿梭跳远

训练方法：训练前要在场地上画两条相距10米的平行线。将游戏者分成人数相等的两队，各队分成两组，成纵队分别站在平行线后面。发令后，各队排头用立定跳远方式，连续跳到对面拍排头的手后站到排尾，对面排头依次再跳到对面拍下一人的手，依次进行，先跳完的一队获胜。

注意事项：

（1）必须用双脚起跳，双脚落地。

（2）拍手后第二人才能开始跳。

### 3.火车赛跑

训练方法：训练需要在平坦场地进行，间隔15米画两条平行线作为起终点。将游戏者分成人数相等的两队，各成纵队站在起点线后，游戏开始前每个队员都把自己的左脚伸给前面的人。左手用手掌兜住后面队员伸来的脚，右手搭在前人的肩上。排头不伸脚，排尾不兜脚，组成一列"火车"。听到出发口令，全队按照一个节拍向前跳动，排头可以走步，以"车尾"先通过终点线的队为胜。

注意事项：

（1）如遇"翻车"或"脱节"，必须在原地接好后方能前进。

（2）"列车"完整通过终点才能记成绩。

### 4.纵跳摸高

训练方法：训练要在靠墙的平地上进行，在墙上标出高度，根据高度标出得分号码，高度越高得分越多。将游戏者分成人数相等的2～4队，每队依次纵跳摸高（原地双脚起跳），跳至最高点，手指触摸墙上的标号，摸到几号就得几分，最后，全队队员得分累加，以得分多的队为胜。

注意事项：

（1）必须原地双脚起跳，不得单脚起跳，不得助跑起跳。

（2）以手指尖触摸最高点的标号为本人得分。

### 5.负重蛙跳接力

训练方法：训练需要准备两副轻杠铃（或两个小沙包、两件沙衣）。在空地上画两条相距10米的平行线，分别作为起点线和折返线。将游戏者分成人数相等的两组，成纵队站在横线后，各组第一人肩负重物全蹲。组织者发出口令后，第一人用多级蛙跳前进，到达折返线后，转身跑回，将器材交到本组下一人，游戏继续进行，直到全组完成，最先完成的组获胜。

注意事项：

（1）组织者不发令，不得开始起跳。

（2）要全蹲，双脚同时起跳和落地，不合要求者可提醒一次，继续犯规，返回重做。

# 第三节　游泳专项速度素质系统性训练

## 一、游泳专项速度素质特点

速度素质，就是指人体快速运动的能力。一般来说，速度素质主要包括反应速度、动作速度和移动速度三个方面，对于游泳运动员而言，必须要具备出色的专项速度，这样才能提高动作的划频和划幅，减少完成距离所需的时间，从而取得理想的比赛成绩。在游泳项目中，短距离项目，如50米、100米，其是以磷酸原（ATP-CP）无氧代谢能力和神经—肌肉的反应能力为基础的。除了这些短距离项目，其他也有很多项目是需要具备良好的速度素质进行最后冲刺的，比如l 500米项目。

通常情况下，对速度素质产生影响的因素主要有：运动员的感受器（视觉、听觉）的灵敏度、中枢神经系统兴奋与抑制的转换速度、神经—肌肉的协调性、工作肌纤维的构造以及力量、协调性等。对于游泳专业运动员而言，在平时的体能训练中，一定要依据自身的具体实际制定合理的专项速度训练的方案，逐步提升自身的专项速度素质。

## 二、游泳专项速度素质系统性训练的方法

### （一）原地支撑摆腿

训练方法：躯干保持正直，大腿积极高抬，约与地面平行，支撑腿充分蹬直，上肢摆臂动作与下肢腿部动作协调。练习时，头颈部和肩带放松，大腿和小腿自然折叠，抬腿时避免躯干前倾。练习3～4组，每组做20次（左右腿交替进行），组间间歇1分钟。

强化训练：

（1）可以在运动员的髋、膝、踝等部位系弹力带，利用弹力势能增加阻力，增强蹬摆的效果。

（2）支撑脚踩平衡盘，在不稳定的条件下增强身体的控制与协调能力。

### （二）速度跑练习

#### 1.后蹬跑

训练方法：蹬地腿用力蹬伸，积极伸展髋、膝、踝三个关节，摆动腿屈膝前顶送髋，大小腿折叠，小腿放松并自然下垂，脚掌着地瞬间用力扒地，手臂积极摆动，躯干始终保持稍前倾。提膝时大小腿角度也应控制在90°左右，摆动腿同侧髋积极前送。练习3～4次，每次跑30米，次间间歇2分钟。

强化训练：

（1）手扶墙后蹬跑：躯干近端有支撑，有利于核心部位保持稳定，控制重心，避免过分起伏，同时还能有效地提高快速后蹬的频率。

（2）持哑铃后蹬跑：增强摆臂力量及躯干控制能力，进而增大腿前摆的幅度。

（3）踏标记后蹬跑：不同间隔的标记有利于调整幅度、增大幅度或提高频率。

### 2.高抬腿跑

训练方法：大腿积极向前上摆到水平或水平以上，踝关节放松，落地时大腿积极下压，上体正直或前倾，快速摆臂。练习时身体保持正直或稍前倾，肩带放松，摆臂时手的位置不要高于下颚。练习3~4组，每侧腿每组做20次，组间间歇1分钟。

强化训练：

（1）行进间踏上标志（可用绳梯或画好格子)：提高频率，增强灵敏性。

（2）倒退高抬腿跑：进一步强化发力部位的运动感觉。

（3）持哑铃高抬腿跑：增强核心部位的控制能力，提高用力效果。

（4）穿沙背心、腿部缠戴小沙袋：增大阻力负荷，增加练习后的痕迹效应。

（5）上楼梯、上坡高抬腿跑：利用重力势能增强练习效果。

（6）下坡高抬腿跑：利用重力势能，加快频率。

## （三）起跑与加速跑

训练方法：双脚前后站立，距离一脚到一脚半，屈膝降重心，身体前倾，前腿异侧臂屈肘在前；听到"跑"的信号后，两脚用力蹬地，迅速向前冲出，重心前移快速起动，摆动腿的膝关节迅速有力地向前上方摆出，支撑腿在摆动腿积极前摆的配合下，快速有力地伸展髋、膝、踝三个关节，蹬离地面，使支撑腿与摆动腿协调配合，头部正直，上体稍向前倾，两臂前后摆动要轻快有力。训练时前几步不宜过大，以免造成重心起伏而影响蹬地的效果。另外，加速跑的前几步双脚着地并不完全在一条直线的两侧，而是相对较宽，以增加身体的稳定性，进而增强蹬地的效果。练习3～4次，每次跑30米，次间间歇2分钟。

强化训练：

（1）双脚并立起跑：体会身体重心的利用。

（2）反向起跑：背对跑进方向，提高快速反应及灵活应变能力。

（3）小步跑、高抬腿、后蹬跑接起跑：提高运动中加速和变速能力。

（4）上下坡起跑：利用重力势能提高频率或增强腿部力量。

## （四）变速跑

训练方法：加速时，上体前倾，前脚掌快速蹬地，同时迅速摆臂，加快频率，两臂积极摆动，频率要快。减速时，上体直起，步幅加大，用前脚掌着地，缓冲减速，减速要循序渐进。练习时强调动作幅度，充分利用身体重心调节起跑和急停的时机与角度。练习3～4次，每次跑40米，次间间歇2分钟。

强化训练：

（1）听信号、看颜色练习：提高对不同性质刺激物的应答能力。

（2）各种运动场地的限制线间跑动：体会不同距离间的起动、急停感觉，提高变速能力。

# 第四节　游泳专项耐力素质系统性训练

## 一、游泳专项耐力素质特点

耐力素质，就是指有机体长时间抵抗疲劳的能力，其通常有一般耐力和专项耐力之分。一般耐力是有机体器官系统机能的综合，是专项耐力产生的重要基础；专项耐力则是一般耐力的发展。

耐力素质在游泳运动中扮演着十分重要的角色，尤其是对于长距离项目而言，运动员的耐力素质可谓起着决定性作用。在游泳运动中，50米主要为磷酸原系统供能，从100米到1 500米则都主要为糖酵解和有氧代谢供能，不同游泳距离有氧和无氧代谢间的比例关系也是有所差别的。由此可见，对游泳运动员的耐力素质产生影响的因素主要有：糖酵解系统、有氧氧化系统、力量耐力、意志品质等。

## 二、游泳专项耐力素质系统性训练的方法

### （一）有氧耐力训练

（1）水中快走或大步走：水中快走与大步走训练是在深度及大腿的水池中进行。练习方式为安排4、5组，每组150～300米，每组间隔时间5分钟，运动强度设置为50%～55%最大摄氧量。

（2）定时走：在平坦场地做自然走或加快走练习。练习方式为练习时间30分钟，运动强度设置为40%～50%最大摄氧量。

（3）大步走、交叉步走或竞走：在平坦场地做大步快走、交叉步走或几种走交替进行的练习。练习方式为安排4至6组，每组1 000米，每组间隔时间3～4分钟，运动强度设置为40%～50%最大摄氧量。

（4）沙地连续走或负重走：海滩沙地徒手快走或负重（杠铃杆或背人）走。练习方式为安排5至7组，每组400～800米，然后再进行负重走200米，每组间隔时间3分钟，运动强度设置为45%～60%最大摄氧量。练习时应控制心率低于160次／分钟。

（5）沙地竞走：在沙滩上进行竞走练习。练习方式为安排4、5组，每组500～1 000米，每组间隔时间为3分钟，运动强度设置为55%～60%最大摄氧量。

（6）竞走追逐：在平坦场地中两人一前一后相距10米进行竞走追逐练习。练习方式为安排4至6组，每组400~600米，每组间隔时间2分钟。

## （二）无氧耐力训练

### 1.陆地无氧耐力训练

（1）反复起跑：做反复起跑练习，起跑后继续跑进30米，每组3~4次，共安排3~4组，每次间隔时间设置为1分钟，每组间隔时间设置为3分钟。

（2）计时跑：做短距离重复计时跑，共安排4~8组，每组间隔时间设置为3~5分钟。训练强度设置为70%~90%最大摄氧量。在设定训练强度时要依据跑动距离而定。

（3）反复连续跑台阶：做跑台阶练习，台阶数量为30~40个，要求每步迈2级台阶，每组间隔时间设置为5分钟。训练强度设置为65%~70%最大摄氧量。

（4）变速越野跑：在越野路段慢跑，然后做距离为1 000米的快速跑，然后再做100米的冲刺跑，训练强度设置为60%~70%最大摄氧量。

（5）综合跑：做多种方向的跑，练习安排为3~5组，每组安排一种跑步方式，跑动距离为50~100米，每组间隔时间设置为3~5分钟，训练强度设置为60%~70%最大摄氧量。

（6）运球绕障碍：在球场中摆放障碍物若干，障碍物彼此间的距离为2米。开始后训练者做快速运球绕障碍物往返跑。练习安排为3~5组，每组3~5次，每组间隔时间设置为5分钟。要求运球过程中不得触碰障碍物。

（7）全场跑动传接球：两人一球，在场地端线外准备。开始后两人互相传球跑向另一端线，然后折返。练习安排为4~6组，每组往返4次，每组间隔时间设置为8~10分钟，训练强度设置为60%~70%最大摄氧量。每组间隔中当训练者的心率降至100次/分钟以下后再开始下一组训练。

（8）跳绳跑：单摇跳绳跑200米，安排5~8次，每次间隔时间设置为5分钟。训练强度设置为60%~70%最大摄氧量。每组间隔中当训练者的心率降至120次/分钟以下后再开始下一次训练。训练结束后心率达160次/分钟。

（9）双脚或两脚交替跳藤圈：训练者手握藤圈，做原地双脚跳藤圈练习。练习安排为4~5组，每组50~60次，每组间隔时间设置为3分钟。训练强度设置为50%~60%最大摄氧量。

（10）两人传球—绕障碍运球—跑动射门的组合训练：两名训练者持一球在足球场端线外准备。开始后向中场方向互相跑动传球，过中场后两人交叉运球，传接绕障碍，障碍的摆放方式为每隔2米放置一个标志杆，共摆放10个，然后射门。练习安排为4~6组，以往返2次为一组，每组间隔时间设置为5分钟，训练强度设置为60%~65%最大摄氧量。

## 2.水中无氧耐力训练

（1）水中间歇高抬腿：在水深及大腿的池中做原地高抬腿练习，练习安排为4~6组，每组100次，每组间隔时间设置为3分钟，训练强度为60%~65%最大摄氧量。如果在池中做高抬腿跑练习，则每组间隔时间可为4~5分钟。

（2）分段变速游泳：以50米为距离单位做变速游泳练习，练习安排为4~5组，每组250~300米，每组间隔时间设置为10分钟，训练强度为65%~75%最大摄氧量。在快速阶段中的游进速度应为最快速度的70%以上。

（3）水中变姿变速游：以50米为距离单位做变姿变速游泳练习，练习安排为4~5组，每组250~300米，每组间隔时间设置为10分钟，训练强度为65%~75%最大摄氧量。游进的速度应包含慢、中、快三种。

（4）水中短距离间歇游：做不同距离的间歇游泳练习。练习安排为3~4组，每组3~4次，每次间歇2~3分钟，每组间隔时间设置为10分钟，训练强度为60%~70%最大摄氧量。游进的速度应包含慢、中、快三种。

（5）水中追逐游：两人在出发前彼此相距3~5米，出发后后面的人追逐前面的人，两人采用同一种泳姿，以50米为单位做往返。练习安排为3~5组，训练强度为65%~75%最大摄氧量。训练中的运动者心率不低于160次/分钟。

（6）游泳接力：两人或四人以50米为距离做往返接力练习，泳姿不限。练习安排为3~4组，每人游4次为一组，每组间隔时间设置为5~8分钟，训练强度为60%~70%最大摄氧量。

## （三）肌肉耐力训练

### 1.增强上肢肌肉的耐力训练

（1）拉胶皮带：拉胶皮带的练习要与运动专项练习相结合。常见的拉胶皮带的练习有拉胶皮带扩胸或拉胶皮带支撑高抬腿，在练习时拉动的力量和次数要以运动者的身体素质为依据，训练强度为55%~60%最大摄氧量。

（2）连续引体向上或屈臂伸：做连续引体向上或屈臂伸练习。练习安排为4~6组，每组20~30次，每组间隔时间设置为5分钟，训练强度为50%~60%最大摄氧量。

（3）双杠支撑连续摆动：做双杠上直臂支撑摆动练习。练习安排为4~5组，每组40次，每组间隔时间设置为3分钟，训练强度为40%~55%最大摄氧量。要求摆动的幅度为两腿高于杠的水平面，过程中两腿应保持并拢。

（4）双杠支撑前进：在双杠上做直臂支撑前行的练习。练习安排为3~5组，每组往返5次，每组间隔时间设置为5分钟，训练强度为50%~55%最大摄氧量。

（5）吊环或单杠悬垂摆体：在吊环上或单杠上做直臂悬垂练习或摆垂练习。练习安排为4~5组，每组30次，每组间隔时间设置为5分钟，训练强度为50%~55%最大摄氧量。摆动过程中要求身体始终保持直立，摆动幅度越大越好。

（6）手倒立：独立做手倒立练习，练习安排为3~4组，每组倒立时间为2~4分钟，每组间隔时间设置为5分钟，训练强度控制在40%~50%最大摄氧量。

### 2.增强下肢肌肉耐力训练

（1）1分钟立卧撑：原地站好准备，开始后做立卧撑练习。练习安排为4~6组，每组1分钟，每组间隔时间设置为5分钟，训练强度为50%~55%最大摄氧量。为了增加运动者的训练负荷，还可穿上沙背心做该练习，或是在站起加上一个跳起的动作，如此训练可以30次为一组，每组间隔时间为10分钟。

（2）重复爬坡跑：在15°～20°的斜坡上做上坡跑练习。练习安排为5次，跑动距离不低于250米，每次间隔时间设置为3～5分钟，训练强度为60%～70%最大摄氧量。

（3）连续半蹲跑：半蹲的标准为大小腿成100°角左右的弯曲度，在这个姿势下跑进50～70米。练习安排为5～7次，每次间隔时间设置为3～5分钟，训练强度为60%～65%最大摄氧量。该练习可不对跑动速度作要求。

（4）连续跑台阶：做连续跑台阶练习。台阶高度为20厘米，每步迈2级，连续跑30～50步，重复6次，每次间隔时间设置为5分钟，训练强度为55%～65%最大摄氧量。间隔休息时应将心率恢复到100次/分钟一下，再行开始下一次练习。为增加负荷，可在练习时给运动者的腿上戴上沙袋。

（5）沙滩跑：在沙滩上做自由跑练习。练习安排为4～6组，每组500～1 000米，每组间隔时间设置为10分钟，训练强度为50%～55%最大摄氧量。练习没有对速度作出明确要求，但要求有快速与慢速的显著变化。

（6）逆风跑或负重耐力跑：在有大风的天气下做持续长距离逆风跑练习。练习安排为4～6次，每次间隔时间设置为5分钟，训练强度为55%～60%最大摄氧量。

（7）连续换腿跳平台：在平台高度30～45厘米前做两腿交替跳平台练习。练习安排为3～5组，交替次数为60～100次，每组间隔时间设置为3分钟，训练强度为55%～65%最大摄氧量。练习中要求上体保持正直，两臂自然摆动。

（8）长距离多级跳：做长距离多级跳练习，练习安排为3～5组，每组跳80～100米，每组间隔时间设置为5分钟，训练强度为60%～70%最大摄氧量。

（9）半蹲连续跳：采取半蹲姿势做连续双脚跳练习。半蹲的标准为膝关节弯曲的角度为90°～100°。练习安排为3～5组，每组20～30次，每组间隔时间设置为5分钟，训练强度为55%～60%最大摄氧量。

（10）连续深蹲跳：原地做连续深蹲跳起练习。练习安排为3～5组，每组20～30次，每组间隔时间设置为5～7分钟，训练强度为55%～65%最大摄氧量。练习要求为落地即起。

（11）沙地负重走：在沙地上做负重走练习。练习安排为5～7组，每组200米，每组间隔时间设置为3分钟，训练强度为55%～60%最大摄氧量。练习中应使运动者的心率达到130～160次/分钟。负重的方式可选择为肩扛杠铃杆、背人等。

# 第五节　游泳专项柔韧素质系统性训练

## 一、游泳专项柔韧素质特点

柔韧素质，就是人体关节活动幅度的大小以及跨过关节的肌肉、肌腱、韧带、皮肤以及其他组织的弹性和伸展能力。

柔韧素质对于游泳运动员而言也起着十分重要的作用，拥有良好的柔韧素质，运动员能顺利地在水下完成各种动作。游泳有多种泳姿，不同泳姿对人体的柔韧素质的要求也有一定的差别。

总体而言，柔韧素质对游泳运动的作用主要体现在以下几点：第一，延长游泳滑进中的推进力时间；第二，减少人体肌肉内的阻力，降低能量消耗，提高游速；第三，加大动作幅度，促进肌力和速度的发挥；第四，避免运动损伤。

## 二、游泳专项柔韧素质系统性训练的方法

### （一）锥形轮子训练

（1）将若干锥形圆圈（半径3～5米）竖立在地上，保持适宜间距。

（2）从一个锥形物出发向另一个锥形物跑进，每通过一个锥形物时完成

一个专项运动技术，将专项技能与跑的练习结合起来。

## （二）扔球训练

（1）练习者站在球上保持平衡，同伴手持球，距离练习者4米左右，两人面对面。

（2）同伴松手扔球的瞬间，练习者以最大速度向球的方向冲刺，注意通过摆臂来提速。尽可能在球第一次落地反弹后将球接住。

（3）每成功接球一次，练习者与同伴的距离就增加1米，以不断提升练习难度。

## （三）袋鼠跳训练

将练习者分成人数相等的两队，两队间隔一定距离成纵队站在起点线后。游戏开始，每队第一人听教练员信号，迅速跳进麻袋，双手提着麻袋口，双脚跳跃，过折返线后钻出麻袋，提着麻袋跑回，交给第二人。第二人继续练习，依次类推，两组最后一人跑回起点线则结束游戏，先完成的队获胜。

## （四）跳长绳训练

将练习者分成两组，每组先选出两人摇绳，其他人陆续全部进入绳中连续跳绳，跳绳停摇为一局，每局进入跳绳人数多的一方或全部进入后跳绳次数多的一队获胜。

# 第六节　游泳运动体能训练的优化及策略

伴随着游泳运动的不断发展，提升运动员体能素质的训练手段和方法也日益丰富，这对于运动员竞技能力的提升具有非常重要的作用。游泳运动员要想提升自身的体能素质，除了坚持不断地参加体能训练外，还要与时俱进地及时更新体能训练的观念，对体能训练进行科学的改进和优化，如此才能实现预期的训练目标。

## 一、革新体能训练观念

加强体能训练观念的改革对于游泳运动员参加体能训练而言意义重大。作为一名专业的游泳运动员必须要全面地认识与了解游泳体能训练的重要性，教练员也要重新审视以往的体能训练理念。过去的游泳运动训练存在着以"技能训练"为主的训练思想，体能训练受到一定程度的忽视。这种认识是不对的。作为教练员来讲，要在平时的施教过程中主动接受更多的训练方式及训练思想，找寻一种体能训练与技能训练相对平衡的训练方式，这是至关重要的一个方面。可以说，体能训练是游泳运动技能训练的前提和基础，只有在保证基本体能素质情况下，运动员的游泳技能水平才有可能得到提高。

总之在进行游泳运动训练时，要从运动员的发展需求着手，不仅要紧抓运动员的技能训练，同时也要重视运动员的身体素质训练。[1]无论是运动员还是教练员都要秉持这一观念，并且要与时俱进地革新体能训练的观念，多进行游泳训练的实践与探究，做好技能训练与体能训练之间的平衡，如此才能更加有效地提高运动员的身体素质水平。

---

[1] 杨欣林.青少年游泳运动员体能训练的创新策略研究[J].当代体育科技，2021，11(13):59-61.

## 二、变革体能训练方式及手段

据相关研究发现，对于游泳运动员而言，影响其训练效果的原因主要在于训练手段方法及身体情况两个方面。这两个方面可以说直接决定着运动员的训练水平。其中，训练手段主要决定着运动员潜能是否激发出来，而训练负荷则决定着运动员潜能激发的实际效果。这两方面是体能训练的重中之重，因此一定要保证训练的科学性和合理性。

运动员在进行体能训练的过程中，在坚持新的训练观念的基础上，要不断革新训练方式及手段，要认真全面地分析体能训练中的各个环节及因素，如核心力量素质如何提高、无氧耐力如何发展等。在进行游泳力量素质训练的过程中，要变革旧有的训练手段和方式，采用分模块训练的方式，将力量训练划分为大力量训练、速度力量训练、爆发力训练及核心力量训练这几个训练模块。这几个模块都是不同的，要采用不同的训练方式，如此才有可能取得理想的训练效果。游泳运动对人的体力消耗较大，因此加强运动员的耐力素质训练也是非常重要的，一般来说，运动员有效的耐力训练的核心主要分为两个方面，即有氧耐力训练和无氧耐力训练。在平时的体能训练中，运动员要依据自身的实际情况事先制订好科学合理的训练计划或方案，依据训练计划逐步提高自身的有氧和无氧耐力水平。在游泳运动中，运动员的灵敏素质训练可以采用器材训练、绳梯训练及组合训练等多种训练结合的方式，这种灵活的训练方式能有效提高运动员训练的积极性，取得理想的训练效果。

## 三、训练信息的采集与监控

运动员的体能训练可以说是一项复杂的工程，对于游泳专项运动员而言，力量、速度、耐力、柔韧等几项素质是最为重要的几个部分。伴随着现代运动训练的进行，各种训练手段与方法得到了及时的更新，在这样的形势下，我们可以充分利用大数据技术，将其与体能训练相结合，完成对训练信息的收集与监控，这样便于掌握运动员的整体训练情况。针对不同游泳运动员存在着的各种体能差异，设计出科学合理的训练方案，如此才能取得理想的训练效果。在收集到运动员的各种训练信息后，将收集到的信息进行总结与剖析，从而给体能训练计划的优化与调整提供重要的信息。当然，对体能训练效果的监控，能够最大程度上发挥体能训练的作用，提升体能训练的水平。

# 第四章
# 实用游泳运动技能系统性训练研究

实用游泳运动不同于竞技性游泳运动，是具有实际用途和现实意义的游泳运动。由于这些实用游泳运动并不强调速度，所以不适合将它们作为比赛项目，但这些水中活动本领在日常生活和军事上有很大的用途，如进行水上救援、水下打捞、武装泅渡时可以运用实用游泳技术。本章主要对实用游泳运动技能方法及训练进行研究，包括踩水、侧泳、潜泳及反蛙泳等项目。

## 第一节　踩水技能系统性训练

踩水是一种具有较强实用价值的游泳技术，也被称作"站立式游泳"。人们初学游泳时，可以先从踩水开始学起。掌握踩水技术后，在水中游泳会更加安全一些，游泳者遇到危险时可以运用踩水技术而进行自救，这是水上运动最基本的求生和救护技能。踩水技术被广泛应用于人们的日常生活中，如在水中休息、对溺水者进行施救、持物游进、遇到激流时迅速躲避等。此外，踩水技术在军事领域也会运用到，如进行水面观察、水中射击等会用到这一技术。本节主要分析踩水技能动作要领和训练方法。

## 一、踩水技能分析

### （一）身体姿势

踩水时，人体在水中的姿势近乎直立（非完全直立），上体可以稍微向前倾斜一点，与水面保持较小的夹角。头不要没于水中，从始至终都要露在水面外（图4-1）。

图4-1　身体姿势

### （二）腿的动作

踩水时，主要有两种方式，一是两腿同时踩水，二是两腿交替踩水。一般先学习第一种，熟练后，当身体可以在水中比较放松自由地漂浮时，再向第二种过渡。

#### 1.两腿同时踩水

这一技术和蛙泳的腿部动作比较相似。两腿同时屈膝上收，然后两腿膝部向内扣压，小腿和脚外翻，用小腿和脚的内侧面向侧下方蹬夹水，和蛙泳蹬夹水的动作基本相同，但要注意的是，大腿动作幅度不宜太大，比蛙泳蹬夹水大腿动作幅度小一些。在两腿还没有完全蹬直并拢时，迅速收腿进行第二次踩水（图4-2）。

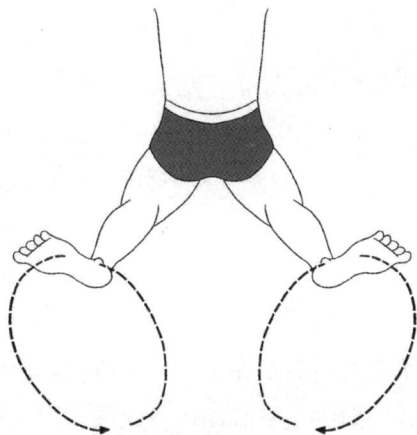

图4-2　两腿同时踩水

**2.两腿交替踩水**

掌握两腿同时踩水的技术方法后，再练习两腿交替踩水。动作要领基本相似，区别是踩水时一腿蹬出，另一腿收紧，交替完成类似于蛙泳的蹬腿动作。单脚踩水时，身体在水中不宜有太大幅度的起伏，头要始终露出水面，维持相对稳定状态。

## （三）臂的动作

两臂屈肘于胸前进行向外、向里摸水（图4-3）。向外摸水时，掌心稍微朝外一些，向内摸水时，掌心稍微朝里一些，对手掌的压水感予以体会。

需要注意的是，手臂摸水时，手掌转动幅度宜小一些，摸水幅度同样要小一些。

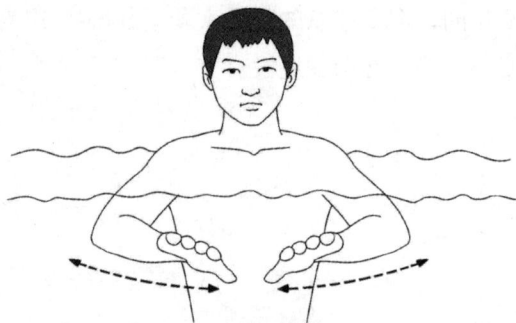

图4-3 臂部动作

## （四）呼吸

在踩水过程中，由于头一直都在水面外，所以减小了呼吸的难度，呼吸和身体动作的配合方式一般为上下肢动作各完成一次（蹬夹水、摸水各完成一次），呼吸一次。

## （五）配合动作

上下肢动作的配合方式为，两腿同时或交替蹬夹水一次，两手摸水一次。注意要自然呼吸，呼吸节奏要与腿、臂动作节奏一致。游进时，身体稍向前倾一些，两腿稍向两侧后方蹬水，两臂稍向后方拨水（图4-4）。

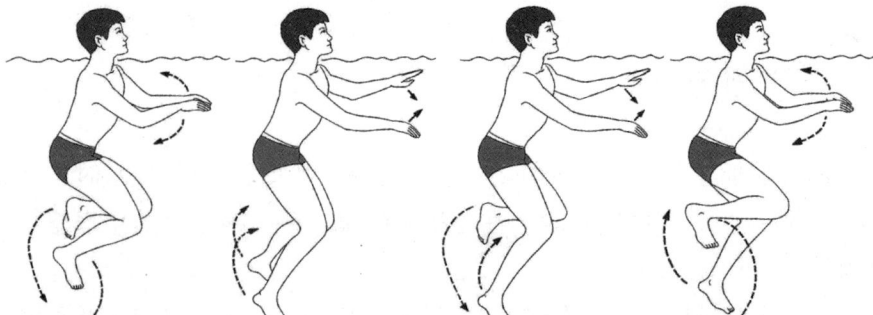

图4-4 配合动作

## 二、踩水技能训练

### （一）陆上练习

进行踩水技能训练时，一般先在陆地环境练习，然后进入水中练习，循序渐进，逐步过渡。

#### 1.扶墙练习

一脚在地面支撑重心，双手扶墙，非支撑腿屈膝抬起模仿蹬夹水做收、翻、蹬的动作，两腿交替练习，从分解动作练习向完整动作练习过渡。

#### 2.对抗练习

一脚在地面支撑重心，单手扶墙，非支撑腿屈膝抬起模仿蹬夹水做收、翻、蹬的动作，另一手将活动腿的脚跟托住施加阻力，以进行对抗性练习，为在水中练习时适应水的阻力和浮力奠定基础。

#### 3.臂腿配合

结合手臂动作进行臂腿配合的模仿练习。

### （二）水中练习

#### 1.扶边踩水

站在水中，正对池壁，上体稍微向前倾斜，双手扶在池边，双腿同时或交替蹬夹水，动作要连贯，体会水的上浮力（图4-5）。

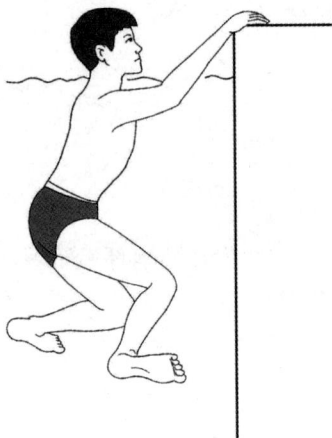

图4-5　扶边踩水

### 2.扶边单腿踩水

站在水中，身体侧对池壁，靠近池壁的一侧手扶在池边，靠近池壁的一侧腿支撑重心，另一侧腿提起连贯完成踩水动作，不断重复练习，注意用小腿和脚的内侧面蹬压水。

### 3.套绳踩水

在练习者腋下套一个用软绳做成的套圈，练习者进入深水区踩水，同伴站在岸上将绳子一头拉住，根据情况适时将绳子拉紧或放松，要始终保证练习者的头部完全在水面上（图4-6）。练习者不能过度依赖绳子，经过一段时间的练习后，要逐渐摆脱这一工具而进行独立练习。

### 4.助浮踩水

身上扎若干浮球，身体直立在水中漂浮，臂、腿配合做踩水动作。浮球数逐步减少，最终过渡到摆脱对浮球的依赖而独立踩水。

### 5.站立划水

站在水中，水面与胸部齐平，稍屈臂置于胸前，两臂同时有节奏地向外、向内拨压水（弧形动作轨迹），体会手臂受到的来自水的阻力。

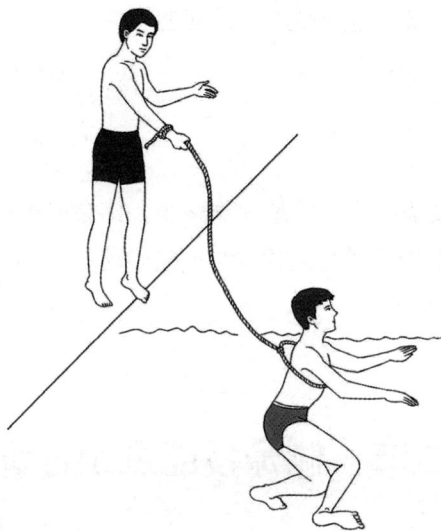

图4-6　套绳踩水

### 6.持续踩水

站在深水区持续不断地反复踩水，动作放松一些。熟练之后双手解脱，停止拨压水，只靠两腿蹬夹水动作使身体漂浮在水面，然后慢慢练习向前游进和向一侧移动。

## 三、易犯错误与纠正

### （一）易犯错误

在踩水技能训练中容易出现以下错误。

（1）拨水时手没有放在合适的位置，有时过于靠前，有时过于靠后。

（2）拨水时身体没有保持放松状态，尤其是肩部过于紧张。

（3）蹬夹水动作有停顿，动作环节之间衔接得不够紧密、连贯。

（4）腿蹬夹水时常出现蹬得过直的问题。

## （二）纠正方法

先在陆上进行模仿练习，熟悉动作路线，体会肌肉感觉，或对着镜子练习，观察自己的动作是否规范，及时纠正错误动作。

# 第二节　侧泳技能系统性训练

侧泳是一种比较古老的泳式，这种传统泳式在民间较为流行，因其有较大的实用价值，所以受到了人们的喜爱。侧泳的实用性主要从水中救生、水中拖物、水上观察、武装泅渡等方面体现出来。侧泳顾名思义就是身体在水中侧卧游进的一种游泳姿势，这种泳式比蛙泳的速度稍微快一些，比自由泳简单一些。侧泳时，人体动作不对称，一侧和自由泳相似，另一侧和蛙泳比较相似。本节主要对侧泳技能动作要领和训练方法展开研究。

## 一、侧泳技能分析

### （一）身体姿势

身体于水中侧卧，下面臂向前伸展，手心向下，上面臂放在体侧，两腿充分伸直、并拢，身体绕纵轴转动而游进（图4-7）。

图4-7　侧泳身体姿势

## （二）腿的动作

### 1.收腿

上面腿膝盖弯曲前收，大腿垂直于躯干，下面腿屈膝，小腿后提，使脚跟尽可能向臀部接近。

### 2.翻脚

收腿后上面腿要勾脚尖，使脚掌向后与水对准；下面腿要绷直脚尖，使脚背和小腿向后与蹬水方向对准（图4-8）。

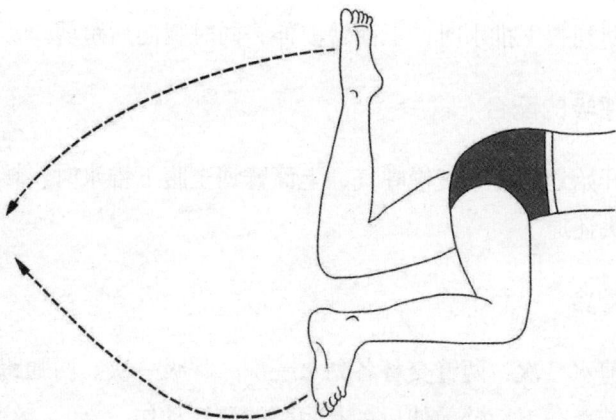

图4-8　翻脚

### 3.蹬剪腿

上面腿大腿用力，小腿稍微向外伸展，脚掌向正后方加速蹬夹水；下面腿伸展膝关节，用脚背和小腿向后夹水，与上面腿配合蹬剪。

## （三）臂的动作

两臂交替划水，上面臂的动作类似于仰泳，划水时身体侧卧姿势更明显一些，划水路线比仰泳更长，能够产生更好的效果。下面臂手掌内转，手臂弯曲，使手和前臂保持好的对水面，靠胸侧斜下方划水到腹下，完成划水后，肘部弯曲，掌心向上与身体相贴近再前移，到肩下时手心逐渐变换为向下并前伸。

上面臂和下面臂的动作要协调配合好，上面臂前移时，下面臂划水，上面臂划水时，下面臂前伸，两臂动作是同时进行的。

## （四）配合动作

### 1.腿与臂的配合

上面臂前移，下面臂划水，腿不动，上面臂入水后，下面臂前移，收腿，上面臂划到腹下推水时，下面臂前伸，同时腿向后蹬剪。

### 2.臂与呼吸的配合

上面臂开始划水时，慢慢呼气，上面臂划至腹下推水时，转头吸气，移臂和入水时头还原。

### 3.完整配合

两腿蹬剪水一次，两臂交替各划水一次，呼吸一次。两腿蹬剪水后，在上面臂划水结束与下面臂前伸后，有短暂的滑行动作。

## 二、侧泳技能训练

### （一）腿的练习

（1）在地上或长凳、桌上侧卧，然后两腿模仿侧泳蹬夹动作。

（2）双手扶打水板进行蹬剪练习。

（3）在同伴牵引下进行两腿蹬剪练习。

（4）双手抓水槽，身体浮起成侧卧，两腿模拟进行蹬夹水练习。

### （二）臂的练习

（1）直立，一臂向上伸直，一臂下垂于体侧，上臂向下，下臂向上，两臂同时移动并交叉于胸前。还原，反复练习。

（2）体侧屈，一臂侧伸，头歪向一侧靠在肩臂部，另一臂自然下垂于体侧，上下臂模仿划水动作。

（3）在水中侧立，两臂进行交替向后划水的练习。

（4）在水中侧卧，由同伴抱住双膝推行前进，练习者两臂同时划水。

### （三）完整配合练习

（1）在地上或床上侧卧进行手臂、腿和呼吸的完整配合练习。

（2）在水中进行完整的划水练习，注意手臂、腿部动作和呼吸的协调配合。

## 三、易犯错误与纠正

### （一）易犯错误

在侧泳技能练习中，容易出现下列错误。

（1）头离水面较远，导致下肢过于下沉，对游进效果造成了影响。

（2）上腿过分前收，下腿小腿后屈幅度小，导致蹬剪水效果不佳。

（3）身体未向胸侧转动或太大幅度转动，影响了臂和腿的动作路线的准确性。

（4）两腿没有在一个平面上完成剪刀式蹬夹动作。

（5）手臂和腿部动作配合不协调，影响了呼吸节奏和呼吸配合。

### （二）纠正方法

在侧泳技术学练中，要清楚腿部动作是基础，臂腿配合是关键环节，呼吸是一个难点，每个部分都很重要，所以对每个动作都要建立正确的动作概念，多练习，从分解练习过渡到完整练习，不断熟练，不断发现错误，及时纠正，提高速度，提升质量，达到自动化阶段。

# 第三节　潜泳技能系统性训练

潜泳又称"大划臂蛙泳"，它是在水下游进的一种游泳技术。由于这种游泳技术不受装备的限制，简单易行，又具有较好的隐蔽性，因而在水下作业、科学考察、抢救溺水者等方面及在军事领域都有较多的应用。在民间广为流传的潜泳包括潜深和潜远，本节主要对这两种潜泳方式的技术方法及训练方法展开研究，并简单分析潜泳技能的现实应用。

# 一、潜泳技能分析

## （一）基本姿势

潜泳有很多姿势，但一般采用蛙式潜泳姿势。

蛙式潜泳要求：躯干和头保持水平，两臂划水时，稍低头，加速划至大腿结束。向前移臂时，掌心向上使手掌和前臂沿躯干下方经腹胸、头部前伸。腿的动作比蛙泳的腿收得少，两腿分得也较小。腿和臂的配合是收腿时臂前伸，蹬水和划水结束后身体成直线滑行。

## （二）潜深

潜深技术一般有以下两种方法。

### 1.两腿朝下潜深法

在踩水的姿势上，两臂前伸，身体前倾，大腿带小腿弯曲收紧，然后两臂用力向下压水，同时向下做蛙泳蹬水动作，使上体跃出水面，接着利用身体的重力，直体向下沉入水中，整个身体入水后臂向上划水，增加下沉速度，当达到一定深度后，立即团身，将头转向目标方向游进（图4-9）。

### 2.头朝下潜深法

在踩水的姿势上，两臂向后下方伸出，身体前倾，大腿带小腿弯曲、收紧，然后两臂向上用力划水，头朝下，提臀、举腿，接着臂向下伸直，在腿的重力作用下，使身体向下潜入水中，待腿完全入水后，可向上做蛙泳蹬水动作和小幅度的向上划水，以增加下沉速度。当达到一定深度后，通过两臂、头部后仰、挺胸、挺腰动作，使身体由垂直姿势转为水平姿势（图4-10）。

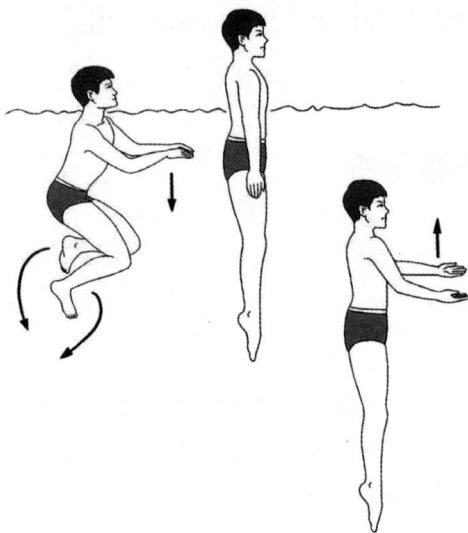

图4-9　两腿朝下潜深

图4-10　头朝下潜深

## （三）潜远

潜远有徒手潜远和用器材潜远两种类型。徒手潜泳可采用蛙式、蛙式长划臂、爬式或海豚式。运用器材的竞速潜泳项目以及专业的潜水项目需要使用脚蹼、呼吸管及氧气瓶等，通常采用爬式、海豚式或爬式、蛙式混合动作。这里主要分析徒手潜远的技术方法。

### 1.蛙式潜泳

在水面下用蛙泳方式游进。为避免身体上浮，头与躯干应该成一直线（图4-11）。

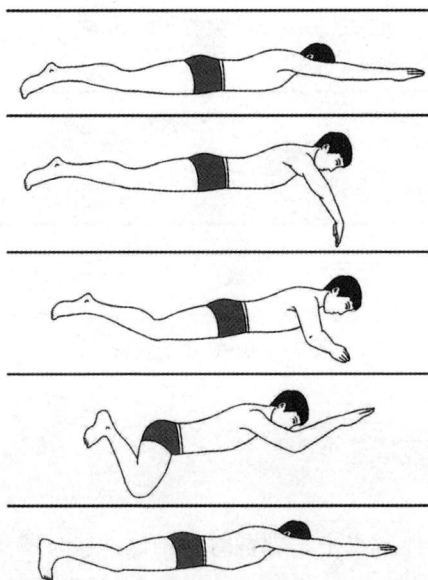

图4-11　蛙式潜泳

### 2.蛙式长划臂

蛙式长划臂（图4-12）由臂划水路线长而得名，其速度明显比蛙式潜泳快，但在不熟悉的野外水域中应谨慎采用，避免发生伤害事故。

图4-12 蛙式长划臂

蛙式长划臂动作方法如下。

（1）身体姿势

潜远时，头和身体成水平，划臂时头稍低一些，避免身体浮出水面。躯干肌肉适度紧张，防止屈髋。

（2）臂的动作

与蝶泳臂划水相似，划水结束时两臂伸直贴着身体停顿滑行，接着屈肘，使前臂和手贴着腹胸向前伸，当手伸至肩下时，掌心逐渐转成朝下并继续伸臂，直到两臂伸直、并拢，然后再开始下一次动作。

（3）腿的动作

与蛙泳一样，但蹬水方向更平一些。

（4）臂、腿配合

臂划水时两腿并拢、伸直滑行，速度稍降低后收臂，当臂前伸至肩下时开始收腿，臂伸直时收腿结束，并用力蹬夹水，蹬腿结束后，紧接着臂划水。

### 2.爬式潜泳和海豚式潜泳

两者都是两臂向前伸直，手掌并拢，头在两臂之间，打自由泳腿或海豚腿游进。爬式蛙式混合动作，是打自由泳腿，蛙泳臂划水的配合动作。

## （四）呼吸

潜泳练习中呼吸非常重要，呼吸的好坏直接关系到在水中停留时间的长短。入水前，尽量吸足气，入水后，可稍吐出一点，减少肺部压力，使肺内有充足氧气。为了延长在水中的时间，吸气后，不能立即一次性吐出所有的气，应当有个屏气过程，一般每10～15秒后才开始慢慢吐气，直到吐完为止。潜泳结束后，做几次深呼吸。

潜水前做1～3次自然的深呼吸，不要过度吸气，避免吸入过多的氧气增加体内压力，产生不舒服的感觉。潜水练习应循序渐进，量力而行，不宜争强好胜，初学者最好有同伴陪伴，以防止发生事故。一般下潜后，在屏气到有些不舒服时，可呼一点气或吞咽，再屏气，再呼点气或吞咽一直到接近呼尽气时才浮出水面。潜泳时应睁眼睛，最好是戴"水镜"，以观察方向和水中是否有障碍物。在透明度较差的水环境中不宜潜泳。

# 二、潜泳技术练习

## （一）陆上练习

（1）站立模仿潜泳的手臂动作。

（2）站立潜泳手臂与单腿配合的动作。

## （二）水中练习

（1）在水下做蛙式潜泳动作游进。

（2）在水下做长划臂潜泳的动作游进。

（3）在深水区踩水，两臂在体前用力向下压水，同时深吸气，两臂伸直，利用重力做下沉练习。

（4）在深水区踩水，深吸气，迅速低头、收腹、团身，屈膝提臀下潜。

# 三、潜泳技能的现实应用

## （一）打捞物品

用潜深方法进入水中，观察水底，寻找需要打捞的物品。如果一次潜深未找到物品，可再试一次。如果水中透明度差，水污染严重，影响观察，那么到达水底后试着用脚去触碰、用手去摸，以发现要打捞的物品。找到目标物后，通过踩水而从水底浮出水面。如果打捞的东西比较重，进入水底时可携带绳子，进入水底后将绳子一端绑在物体上，岸上的人抓握绳子另一端用力拉出物体。

## （二）水中救援

如果水下有溺水者尚未浮于水面时，用潜深的方法进行施救，施救者潜入水底后目视寻找溺水者，发现后通过踩水方式而将溺水者从水底带到水面，然后用侧泳方式向岸边运送溺水者，到达岸边后进行紧急施救，如人工呼吸、胸口按压等。

## （三）水底作业

用潜深方法完成水底施工、打桩等难度较大的工作。

## （四）海底勘探

潜水进入海底对海底资源进行勘探，但要带上氧气设备和专业勘探设备，着装也必须专业。

## （五）军事应用

在军事战争中，通过潜水而隐蔽，在合适的地点进行侦察，了解敌情，能够提高作战效率和成功率，也能减少伤亡。

# 第四节　反蛙泳技能系统性训练

在水中仰卧，面部朝上，两腿同时向后蹬夹水，两臂在身体两侧同时向后划水，这种泳式就是反蛙泳。这是一种比较容易学习和掌握的实用游泳技术。采用这种泳式时，要使嘴巴和鼻子始终保持在水面外，自然呼吸，呼吸与动作节奏一致。本节主要对反蛙泳技能动作方法和训练方法展开研究。

# 一、反蛙泳技能分析

## （一）身体姿势

身体在水中仰卧，自然伸展，面部浮出水面。

## （二）腿的动作

两腿膝部向两侧边收边分，不要露出水面，大腿微收，小腿尽量向侧下方收，完成收腿时两膝距离比肩宽要稍长一些，脚和小腿内侧向后与蹬水方向对准，然后大腿发力，使小腿和脚向侧后方弧形蹬夹水，直至两腿完全伸直并拢。

## （三）臂的动作

两臂充分伸直，经空中前移在肩前入水，然后手臂弯曲、抬肘，掌心朝后，使手和前臂与后方对准，在体侧用力划水，到大腿旁结束划水，两臂在体侧停留，使身体向前游进，然后两臂再出水、再次向前划水。

## （四）配合动作

### 1.臂、腿配合

主要有下面两种配合方式。

（1）移臂的同时收腿，手臂划水的同时腿蹬夹水。

（2）移臂的同时收腿，手臂入水前，腿先蹬夹水，腿自然并拢后手臂划水，完成划水后，身体向前滑行。

## 2.身体动作与呼吸配合

上面两种臂腿配合方式，不管采用哪种，和呼吸的配合都是相同的，即移臂时吸气，手臂划水时呼气。手臂入水时，用鼻子微呼气，避免水从头上没过而发生呛水。

# 二、反蛙泳技能训练

## （一）陆上练习

### 1.腿的练习

坐在岸上，做蛙泳收、翻、蹬夹腿模仿练习。

坐在池边（或岸边），腿在水面上伸直，做蛙泳收、翻、蹬夹腿练习。要求大腿不宜多收而小腿尽量多收。

### 2.臂的练习

站立姿势，两臂在身体两侧划水与空中移臂动作练习。

### 3.配合练习

并步站立，两臂头上伸直。第一步，两臂体侧划臂至大腿处；第二步，空中移臂至头前（上）的同时做收腿与蹬腿。以此类推，反复练习至熟练。

## （二）水中练习

### 1.腿的练习

（1）抓槽练习

仰卧于水中，保持身体水平位的平衡，双手将池壁或水槽抓住，脚尖绷紧，练习蹬夹水，注意两膝始终在水中，不要露出水面。

（2）扶板滑行练习

在水中仰卧，头落在扶板上，双手将扶板后沿两角扶住，进行两腿蹬夹水练习。

（3）仰卧滑行练习

仰卧水中进行练习，连贯完成腿部蹬夹水动作，注意与呼吸和手臂动作的配合。

## 2.臂的练习

在水中仰卧，充分伸展、并拢两腿，绷紧脚尖，重复进行臂划水练习。

# 三、易犯错误与纠正

## （一）易犯错误

在反蛙泳训练中容易出现下列错误。

（1）收腿时过度用力，刻意提速，产生较大的阻力；但蹬夹水因速度慢、力度弱而影响了整体效果，进而对游泳速度造成了影响。

（2）过分收髋，导致臀部明显下沉，对游进速度造成了影响。

（3）蹬夹动作不够连贯，蹬夹后短暂的滑行动作不明显，影响了前进速度。

（4）没有充分翻脚，导致小腿与脚内侧没有达到很好的效果。

（5）臂腿配合不当，对整体动作节奏及呼吸造成了影响。

## （二）纠正方法

先对镜练习，或在同伴的监督下练习，发现自己的错误，了解出错的原因，然后针对自己的问题反复进行纠错练习，形成正确的动作定型，在长期系统的训练中提升熟练性和动作质量，达到自动化技能阶段。

# 第五章
# 蝶泳运动系统性训练与提高

　　蝶泳是四种常见竞技泳姿中最年轻的一种泳姿。游蝶泳时，身体于水中俯卧，两臂同时向后划水，提出水面经空中向前摆动，外观上很像蝴蝶展翅飞舞，"蝶泳"的名称由此而来。现代蝶泳又被称作是"海豚泳"，因为躯干和腿的波浪式摆动就像海豚游泳一样。蝶泳这种泳姿动作优美，节奏鲜明，力量感、速度仅次于爬泳，具有较高的观赏价值。本章主要对蝶泳运动训练与提高进行研究，首先阐述蝶泳的基本理论知识，其次分析蝶泳技术动作与方法，最后对蝶泳技术的专项训练方法展开研究。

## 第一节　蝶泳运动概述

### 一、蝶泳的起源与发展

#### （一）起源

　　蝶泳运动起源于1933年。这一年，来自美国的亨利·麦尔斯在游泳比赛中两臂向后划水后，同时提出水面经过空中前移，两腿配合上下打水，就像蝴蝶振动翅膀飞翔一样，这一动作引得全场欢呼，赞不绝口。这使蝶泳运动的发展有了很好的开端。

蝶泳运动也可以说是从蛙泳运动发展过来的，这两个泳式之间的渊源很深。20世纪30年代初，游泳运动员在训练中尝试两臂向后划水后在空中移臂，以减少阻力，加快速度，这种动作变化和蝴蝶振动翅膀形似，所以用蝶泳来命名新技术。但当时蛙泳和蝶泳都被看作是俯泳的形式，二者之间缺少严格意义上的区分。1952年第15届奥运会上，游泳运动员都采用了速度快、观赏价值高的蝶泳技术，蛙泳受到冷落。此后，蝶泳就被作为和蛙泳不同的游泳项目，二者有了正式区分，奥运会中既设置蝶泳项目，也设置蛙泳项目。蝶泳作为独立项目而成为奥运会大家庭的一员，这对蝶泳的推广与发展起到重要作用。

## （二）发展

蝶泳成为正式比赛项目初期，运动员在比赛中主要采用蛙式蝶泳技术，后来，游泳竞赛规则得到修改和补充后，允许运动员两腿同时打水，两腿上下打水的同时，身体跟着波浪式起伏，很像海豚游泳的姿势，所以用海豚式蝶泳（海豚泳）来命名新的蝶泳技术。和蛙式蝶泳技术相比，海豚式蝶泳中水的阻力比较小，运动员两腿以蹬为主，幅度减小，频率加快，对提高运动员成绩很有帮助。1953年，来自匈牙利的游泳健将乔·董贝克在蛙泳比赛中采用了海豚蝶泳技术，获得了优异的比赛成绩，并在之后的大型比赛中多次刷新世界纪录，游泳界对此颇为关注。世界各国的游泳运动员发现海豚泳技术的先进性和对提升成绩的作用后，纷纷采用这一技术，而蛙式蝶泳技术逐渐淡出比赛中。1956年以后，世界大型蝶泳比赛中所有运动员几乎都采用海豚泳技术。随着这项技术的不断普及与改进，小波浪技术代替了大波浪技术，在20世纪70年代以后双臂低、平、直移动技术又逐渐代替了双臂高肘移动技术。蝶泳技术的改进与完善使得优秀的游泳运动员在世界蝶泳比赛中不断创造新纪录。

## 二、蝶泳的功能

### （一）改善呼吸功能

采用蝶泳姿势游泳时，游泳者要加大呼吸深度来获得机体所需的氧气，深呼吸练习有助于改善人体呼吸系统功能，增加肺活量，促进呼吸系统机能水平的提高。

### （二）改善皮肤

在水中游蝶泳，水流对身体的摩擦对促进表皮细胞的代谢和皮肤毛细血管中的血液循环具有重要意义，长期参与这项游泳运动，可以使人体皮肤变得光滑，使皮肤弹性更好。

### （三）防病治病

蝶泳运动能够增强人体适应外界环境的能力，提升人体抵抗力，预防疾病。高血压、轻度脊椎侧弯、关节炎等患者在科学指导下进行蝶泳锻炼，有助于减轻症状，促进康复。因此在运动医学中蝶泳也常常被作为一些疾病的辅助治疗手段。

### （四）培养意志

初学者学习蝶泳运动前期，要克服怕水、怕冷、怕苦、怕累等畏惧心理，不断克服自身心理障碍，在长期系统的学习与锻炼中增强意志品质，变得更加勇敢、坚强和自信。

## 三、蝶泳装备

参与蝶泳运动，要准备好必要的装备，完备的装备既有助于使游泳过程更顺利，提升游泳训练，又能保障游泳者的安全，预防伤害事故发生。蝶泳的基本装备包括下列几种。

### （一）游泳衣

下水游泳必须穿合身的游泳衣，太大或太小都不利于游泳。如果选择的泳衣太大，泳衣中可能会存水，使身体负重更大，游泳阻力也增加了，从而对游泳的顺利进行和动作的准确性造成了影响。如果选择的泳衣太小，身体有紧迫感，游泳时会更加不舒服，也对游泳动作的正确完成造成了阻碍和不利影响。

### （二）游泳帽

选择合适的游泳帽能够防止发质受损，女性戴游泳帽可以避免头发散乱。尽可能选择橡胶或尼龙材料制作的游泳帽，有弹性，戴起来舒服。不要戴太大的游泳帽，否则游泳过程中可能会脱落。

### （三）游泳镜

佩戴好游泳镜再入水游泳很有必要，这主要是为了预防眼部疾病，如红眼病等。红眼病往往是因为在卫生条件较差的池水中游泳，细菌进入眼睛而引起的。所以佩戴游泳镜是为了健康考虑。初学蝶泳时，进入水中会习惯性地闭眼，戴游泳镜可以纠正这个问题。

### （四）耳塞

游泳时戴耳塞主要是为了预防池中的水进入耳朵，使耳部产生不适症状，甚至对听力造成影响。

## （五）鼻夹

鼻夹是游泳初学者的必须装备，戴好鼻夹是为了防止水进入鼻孔而发生呛水。

# 三、蝶泳比赛规则简介

参赛单位以比赛规程为依据而对参赛人数、参加的项目进行确定，在规定时间报名后，没有特殊情况不允许对参赛人员和参赛项目作出更改。下面简单介绍蝶泳比赛中的出发和犯规规则。

## （一）出发

出发的有关规定如下：

（1）要求在出发台上出发。

（2）在比赛开始前，发令员以鸣哨的方式发出"脱去外衣"（鸣短哨）和"上出发台"（鸣长哨）。

（3）以"各就位"为预备口令，出发信号除了鸣哨外，还有鸣枪、口令等方式。

（4）如果运动员首次出发有抢跳行为，则犯规，有的比赛中给运动员第二次出发的机会，再次出发如若又犯规，则将其比赛资格取消。但现在很多比赛中运动员都只有一次出发的机会，所以一定要避免抢跳。

## （二）犯规

犯规的相关规定如下：

（1）上场比赛的所有运动员都有自己的泳道，每名运动员都只能在自己的泳道内游泳，采用与比赛规定相符的泳姿。关于转身的规定是，转身时身体某一部分一定要碰触到池壁，必须从池壁完成转身，否则就被判为犯规，比赛成绩作废。

（2）运动员可以戴护目镜，但不能戴手蹼、脚蹼等对提速和增加浮力有帮助的装备，否则就被判为犯规，比赛规格被取消。

（3）陪游、带游以及直接或间接的速度诱导是绝对不允许的，否则重新出发或取消比赛资格。

# 第二节　蝶泳技术动作及方法

蝶泳技术动作包括身体姿势，腿部动作，手臂动作，手臂、腿和呼吸的配合动作。此外，出发技术、转身技术也是蝶泳的重要技术，对比赛结果有直接影响，应重点掌握与训练。本节主要对这些蝶泳技术的动作方法和要领进行分析。

## 一、身体姿势

蝶泳时，身体位置不固定，呈上下起伏的波浪动作。躯干的波浪动作有利于保持较高的身体位置和良好的流线型姿势，也有利于臂、腿、呼吸的协调配合。蝶泳运动的身体姿势如下。

（1）在划水最有力的阶段，身体尽量保持水平，使推进力以向后的分力为主。

（2）空中移臂时，因重心位置的变化，身体失去平衡，使腿部下沉。

（3）在手入水、腿第一次打水时，躯干应该向前上方做波浪动作，以形成较大的推进力。

## 二、腿的动作

### （一）向上打水

（1）两腿打水时，自然并拢，两脚稍内旋成内八字。两腿在前一次向下打水结束后，两脚处于最低点，膝关节伸直，臀部上升至水面，髋关节约屈成160°。

（2）两腿伸直，向上移动，髋关节逐渐展开，臀部下沉。

（3）当两脚继续向上时大腿开始下压，膝关节随大腿下压动作自然弯曲，大腿继续加速向下。

（4）随着屈膝幅度增加，脚抬起接近水面，臀部下降到最低点，膝关节屈成110°～130°时，脚向上抬到最高点，并准备向下打水。

### （二）向下打水

当脚向下打水时，踝关节放松，脚面绷直，此时是蝶泳腿打水产生推进力的最有利阶段。然后脚面和小腿随着大腿加速下压而加速向后推水。在两脚继续加速向下打水尚未结束时，大腿又开始向上移动。当膝关节伸直时结束向下打水。

## 三、手臂动作

蝶泳时，手臂的划水动作是推动身体前进的主要因素。蝶泳的臂部动作与爬泳类似，不同的是蝶泳时两臂同时划水，而爬泳时两臂轮流划水。蝶泳手臂动作可分为入水、抱水、划水、出水、空中移臂五个环节，各部分动作连贯不可分割。

## （一）入水

两手的入水点应该在两肩的延长线上，太宽易缩短划水路线，太窄不利于入水后划水和抱水。入水应以拇指领先，手掌斜插入水，然后前臂和上臂依次入水，入水时掌心朝向侧下方，手掌与水面约成40°夹角（图5-1）。

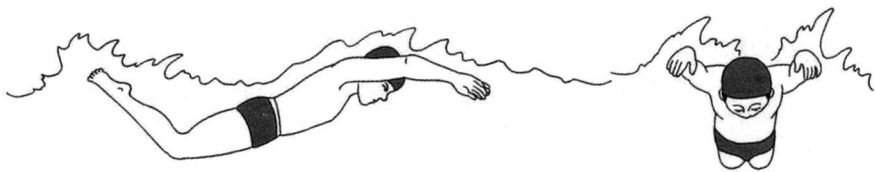

图5-1　入水

## （二）抱水

手臂入水后，手和前臂外旋，手臂同时向外、向后运动。当两手向外划至头的侧前方时，通过勾手腕、屈肘完成抱水动作。抱水动作过程就像用手臂抱一个大圆球，抱水是为了给划水做准备。

## （三）划水

完成抱水后，手臂立即转入向内划水，划水时继续屈肘，并保持高肘姿势，手是向内、向后和向上运动的。当手臂划至肩的下方时，肘关节弯曲成

90°～100°角，两手靠近。然后手臂同时向后、向外和向上运动，肘关节逐渐伸直。当手划到大腿两侧时，划水动作结束，进入出水阶段。整个划水过程手的运动路线是双"S"形曲线。肌肉用力情况为前半段拉水，后半段推水（图5-2）。

图5-2　划水

## （四）出水

在向后推水尚未结束时，肘已经开始向上抬起。手推水结束时，利用推水的惯性，肘和肩带动手臂提拉出水。

## （五）空中移臂

出水后，在肩的带动下，手臂迅速从空中前移到头前，准备入水和下一个周期的动作，这个阶段就是空中移臂，动作方法如图5-3所示。

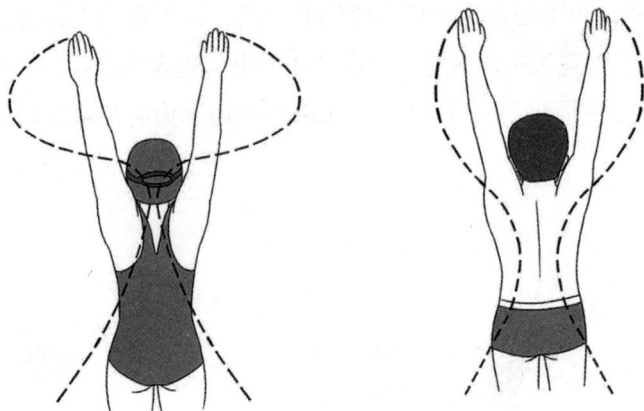

图5-3 空中移臂

（1）两臂同时向前移臂，采用低平的直臂姿势从两侧前移，手臂放松自然，且不破坏身体平衡。

（2）移臂过程中大拇指朝下，手前伸到接近入水时肘略屈，以便入水后及时抓水。

（3）肩部露出水面，减少移臂的阻力。

（4）当手臂与身体呈"十"字形，一直到手入水为止，头部应有控制地与下颌、手臂以及胸部一起向前下运动，即把胸部以上的部位看作是一个整体。

# 四、配合技术

## （一）臂与呼吸配合

一般采用划水1次、呼吸1次的配合方式。当两臂抱水结束并开始拉水时，开始呼气。随着两臂划水的进行，头和肩部位置逐渐升高，呼气由慢到快，逐渐抬头。当两手划水至腹部下方时，嘴露出水面，并张口吸气。推水结束时，吸气结束。向前移臂时低头闭气（图5-4）。

图5-4　手臂与呼吸的配合

## （二）臂与腿配合

蝶泳时，手臂、腿的配合动作应该节奏明显，打水连贯有力。目前普遍采用2∶1的配合方式，即打腿2次，划臂1次。

臂腿配合的方法：两臂入水时腿第一次向下打水，当两臂划至胸腹下方时，腿第二次向下打水，臂推水结束，打水结束。移臂时，腿又向上准备做下一个周期的打水动作。

## （三）完整配合动作

腿、臂、呼吸的完整配合通常是打腿2次、划臂1次、呼吸1次的方式，即2∶1∶1。

# 五、出发技术

蝶泳运动中，主要有以下几种出发方式。

## （一）抓台出发

完整的抓台出发技术包括下列几个阶段。

**1.预备姿势**

听到发令者发出的口令——"各就位"后，两脚脚趾将出发台前缘勾住，屈膝约40°，两眼注视前下方。

**2.拉台**

听到鸣枪或鸣笛等出发信号后，手臂将出发台向上拉。

**3.离台**

向出发台前面移动身体重心，膝、髋弯曲，身体向前下方倾斜，手从出发台边缘位置离开而向前摆动，脚蹬离时，手臂伸向前下方，目视下方。

**4.腾空**

双脚离开出发台后，身体在空中充分伸展、滑行，从空中最高点越过后，腰背部屈成弓形，之后向上抬腿，身体呈一条直线进入水中。入水前弯腰成弓形是为了使入水角度大一些、入水阻力小一些。

**5.入水**

入水时，双手从一个点入水后，其他身体部位依次从这个点入水，这就是一点式入水或洞式入水。

**6.滑行**

身体完全入水后成一条直线向前滑行。

**7.起游**

滑行速度减慢时，两腿进行海豚式打水，使身体浮出水面，然后手臂划水游进。

## （二）蹲踞式出发

蹲踞式出发和田径短跑项目的蹲踞式起跑相似。蹲踞式出发的方式之所以很受游泳运动员的喜爱，主要是因为采用这种出发方式可以快速离开出发台，而且身体重心较低，易于保持平衡，能够避免抢跳犯规。现在很多比赛中运动员都只有一次出发的机会，所以一定要避免发生抢跳的犯规行为，否则会被取消比赛资格。

蹲踞式出发的动作方法如下。

（1）预备环节，一脚蹬在出发台后面斜坡上，另一脚将出发台前缘勾住，双手将出发台前缘抓住。

（2）听到出发信号后，身体重心在手臂的拉动下向前下方移动，蹬在出发台后面斜坡上的脚先蹬离，另一脚紧接着蹬离，同时向前摆臂。

（3）离开出发台后，身体滑行呈弧线轨迹，但弧线轨迹和前面一种出发技术相比较低、较平，这种情况下很难像前面那样以洞式入水的方式从一个点入水。

（4）入水后的滑行和起游基本和抓台出发中的滑行、起游方法无异，但滑行距离稍微短一些。

## （三）摆臂式出发

摆臂式出发技术具有蹬离力量大，腾空距离长的特点，但两脚离开出发台的速度比较慢，在游泳接力比赛中有时会采用这种出发技术，方法如下。

（1）在预备环节，两脚左右分开，脚趾将出发台前缘勾住。

（2）先向前摆臂，然后向后画圈，再前摆，手臂再次前摆的同时脚蹬离出发台。

（3）其他技术环节基本和抓台出发技术无异。

## 六、转身技术

在蝶泳比赛中，运动员转身时身体某一部分一定要碰到池壁。转身后两脚可以进行海豚式打水，但与池壁距离超过15米后必须将头露出来。蝶泳转身技术和蛙泳比较相似，下面主要对较为简单的摆动式转身技术及其动作方法进行分析。

完整的摆动式转身技术包括下列几个阶段。

### （一）游近池壁

动作方法：

（1）游近时，观察自己与池壁之间的距离，根据距离远近对自身动作姿势进行调整，保证手臂伸展可以触碰到池壁。

（2）以较大的力度完成最后一次打腿动作，这样身体某一部分碰壁时就能获得较大的反作用力，为身体转动提供动量，使身体像弹簧一样灵活变化方向。

### （二）触壁转身（向左转身）

动作方法：

（1）转身时两手一定要在同一时间触碰到池壁，两肩保持在一条水平线上，双手一旦触壁，腿立刻屈膝收到腹下，同时左肩稍提。

（2）左手从池壁触碰处迅速离开，肘关节弯曲，左手放回肋骨部位，向后伸展左臂，同时右臂肘部弯曲，使身体向池壁靠近，两腿紧收到腹下。

（3）左臂迅速伸展，使头经空中迅速从池壁处离开，右手推动身体离开池壁处。

（4）右臂摆动经空中靠近左臂，同时右手手掌向上划水，使头部可以顺利入水。

## （三）蹬离池壁

动作方法：

（1）当脚触碰到池壁时，两腿充分伸展，同时两臂尽可能向前伸展，使身体在水中保持侧卧姿势，然后迅速蹬离池壁。

（2）蹬离池壁后，在滑行过程中尽快转动身体，将身体调整为水中俯卧姿势。

（3）脚从池壁离开后，左右腿交叉，上面腿从下面腿上压过，从而更顺利地转变身体姿势。

## （四）滑行起游

动作方法：

（1）脚蹬离池壁后，身体滑行姿势呈流线型，直到滑行速度与正常游进速度接近后，以正常身体姿势滑行。

（2）两腿进行海豚式打水，其优势在于能够使身体与池壁距离15米外露出水面。

（3）身体快要浮出水面时，双臂划水以辅助身体上升，然后进入正常游泳前进阶段。

# 第三节　蝶泳技术针对性训练与提高

## 一、蝶泳技术陆上训练

### （一）腰、腿动作

（1）两脚左右开立，双手高举在身后抱头，连续完成挺腹、屈膝、提膝、伸膝等一系列动作。刚开始一拍一动，然后连贯完成这些动作。对腰、腹、腿的波浪形动作予以体会。

（2）两脚左右开立，两臂举过头顶，连贯地做挺腹、屈膝、提膝、伸膝的动作，体会身体各部位的波浪动作。注意在练习过程中头、手、肩要保持稳定，不能晃动。

（3）靠墙站立，膝部屈伸，腰部前后摆动，使臀部触碰到墙面。

### （二）臂的动作

两脚前后站立，弯腰前俯，两臂向前充分伸展，按口令模仿蝶泳时手臂动作，如抱水、划水、移臂。熟悉手臂动作的完整路线后，连贯完成这些动作，重点对划水路线和划水节奏予以体会。

### （三）呼吸动作

自然站立，弯腰向前俯身，完成两臂划水、抬头吸气、空中移臂、闭气、呼气等一系列连贯的动作，体会呼吸节奏与划水、打水节奏的一致性。

### （四）完整配合

（1）站立，一腿屈膝抬起，另一腿支撑重心，上体向前俯身，非支撑腿向后伸，两臂向前伸展，模拟臂腿配合的动作。模拟划水动作，手臂即将出水时做一次打腿动作；模拟完成空中移臂后，手臂即将"入水"时再做一次打腿。配合呼吸进行完整练习。

（2）站立，两臂高高举过头顶，先模拟臂腿配合动作，再模拟臂和呼吸的配合动作。

（3）打水2次和划水1次的配合练习。

（4）多次打水和1次完整配合练习。

（5）打水2次、划水1次和呼吸1次的完整练习。

## 二、划手和配合的训练与提高

下面主要分析四种划手和配合的训练方法。

### （一）单臂分解练习

单臂分解练习的好处是可以集中注意力体会手臂动作。一只手臂连贯完成入水、抱水、划水、出水、空中移臂等一系列的手臂动作，各个动作环节放慢速度去做，及时发现问题，纠正错误。一侧手臂练习的同时，另一侧手臂自然落下或举过头，非活动手臂不能影响活动手臂的练习，也要避免对身体波浪动作造成影响。一般来说，建议非活动手臂自然落于体侧，这样可以保证身体自然起伏，但这容易造成呼吸的困难，尽管练习者能够转体进行侧呼吸，但身体俯卧的基本姿势应该尽可能保持不变，所以尽量向前呼吸，这样更符合真实比赛情况。

在单臂分解练习中，可以与打腿动作相配合，从而体会完整的配合动作，但这样容易分散练习者对手臂动作的注意力。对此，可将一个浮漂夹在两腿间，目的是让练习者主要在手臂动作上高度集中注意力，但是使用浮漂会对身体波浪动作造成影响。

在单臂分解练习中为了提高练习效果，可以适当变化练习方式，如规定练习距离，在规定距离的练习中控制划臂次数；两侧臂交替练习，然后过渡到两臂同时练习。

## （二）戴脚蹼配合练习

戴脚蹼练习主要是为了让练习者在身体呈水平位的基本姿势下对手臂划水、打腿和呼吸的时机、动作节奏及相互配合进行体会。初级水平的练习者使用脚蹼有助于使其游的距离更长一些。

## （三）夹板划水练习

夹板划水练习中，将一个浮漂置于两腿间夹住，使练习者保持水平位的直线身体姿势，从而为手臂和呼吸练习提供便利，使练习者着重对划手、呼吸及二者的配合进行体会。

夹板划水练习也有助于练习者掌握打腿动作时机。经过不断的练习，练习者能够将小幅度打腿动作掌握好，并配合划手、呼吸进行完整练习。在练习过程中，练习者要有意识地上下摆腿，使身体动作更自然一些，摆腿动作要与手臂划水动作配合好，熟练小幅度打腿动作后，将浮漂去掉进行正常动作节奏与动作幅度的打腿练习，将打腿与划水的配合时机掌握好。

## （四）一划一站练习

在配合练习中非常适合采用一划一站练习方式。练习时，从俯卧漂浮的静止动作开始，然后用比正常动作更大的幅度完成一次配合动作后站立。继续从俯卧漂浮开始进行配合练习，反复进行。配合动作和正常情况下比起来显得夸张一些，也就是动作幅度大一些。

# 三、打腿训练与提高

蝶泳打腿技术的训练方法非常丰富，下面重点分析几种主要的打腿训练方法。

## （一）水下打腿练习

进行第一次打腿练习，可采用这一练习方法。双臂分别置于身体两侧，在水中进行海豚打腿练习，刚开始连续打腿快速冲刺25米左右的距离。如果后面练习距离增加了，则打腿3～4次后到水面吸气，然后再沉水打腿3～4次，反复如此，直到完成练习距离（图5-5）。

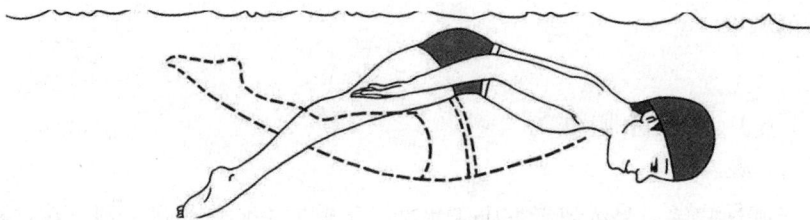

图5-5　水下打腿

## （二）徒手伸臂打腿练习

徒手伸臂打腿练习同样适用于第一次打腿练习中。进行该练习时，身体因为没有打水板的影响而可以进行较大幅度的起伏，练习者手臂充分向前伸展，完成3次打腿后换气，熟练后，完成6次打腿后再换气。

## （三）两次配合加三次水下打腿练习

这同样是第一次打腿练习中常常采用的练习方法。运用该方法进行练习还能够对运动员的呼吸控制能力、有氧运动能力进行培养。在该练习中，练习者的动作节奏要保持较长一段时间，有节奏地完成两次配合加三次海豚式打腿的练习，要充分有力地打腿，向下打水时头要比臀部低一些，使身体充分起伏，两次完整蝶泳配合主要是指在水面上完成的以帮助呼吸为主要目的的配合。反复进行此项练习，可以使运动员以良好的耐力完成较长距离的蝶泳，并能重复较多次的打腿和配合。

### （四）扶板打腿练习

向下打水练习中适合采用扶板打腿练习法，该练习有助于纠正错误的推动动作，提高动作的正确性和动作质量。将这种练习方法运用于第二次向下打水的练习中时，身体起伏比第一次向下打水时小一些，主要原因是打水板有一定的浮力作用，受此影响，会稍微抬高躯干和手的位置，从而限制身体起伏的幅度。

### （五）反蝶泳腿练习

反蝶泳腿练习是练习者仰卧于水中，手臂向上伸展超过头顶，在这种姿势下完成蝶泳腿练习。该练习有助于使练习者将打腿技术中的分腿和并腿细节及时机掌握好，并使打腿产生的推进力效果更好。

### （六）侧打腿练习

侧打腿练习中，两臂分别置于大腿两侧，练习距离不限，一侧打腿练习持续一定数量或一定距离后，另一侧腿继续进行同样的练习。两腿反复交替练习。

# 四、出发技术训练与提高

## （一）出发台出发

练习方法：

（1）在出发台上做好准备，上体慢慢向前倾斜直至无法继续保持平衡，手臂迅速摆动向前跳出。

（2）进行抓台式出发、蹲踞式出发或摆臂式出发练习都可以，练习时将一个打水板或呼啦圈提前放到预计入水的地方，使身体从打水板前入水或直接跳进呼啦圈中。

## （二）蹲踞式出发跳水

在练习中对出发跳水的预备姿势和起跳动作予以体会。

练习方法：

（1）做好蹲踞式出发准备姿势，逐渐向前移动身体重心。

（2）身体即将失去平衡时，手臂迅速摆动向前跳出。

## （三）池边出发

练习方法：

（1）在池边前沿做好预备姿势。

（2）慢慢向前移动身体重心，在即将失去平衡时，迅速向前摆臂，两脚同时用力蹬离池边，身体各部位依次从同一个点入水。

在出发技术练习中，如果选择出发台练习方式，注意泳池水深不能低于1.8米，否则会发生伤害事故，危害运动员的健康。

# 五、转身技术训练与提高

## （一）抓水槽或池边转身练习

### 1.练习目的

体会转身时脚蹬壁的感觉。

### 2.练习方法

从池边5米处开始游蝶泳，两手触到池壁时，手将水槽或池边抓住，身体在手臂的拉动下靠近池边，团身、收腿、转身、摆臂，用脚蹬壁，在水下滑行。所有动作要一气呵成，紧密衔接。

## （二）蹬边和水下打腿及起游练习

### 1.练习目的

强化转身后的蹬壁滑行、水下打腿和起游技术，熟练掌握通过手腕和头部上下活动而调节水中身体深度的方法。

### 2.练习方法

从水下蹬边，按照转身技术的动作方法进行水下滑行、打腿和起游的连贯动作练习。完成动作后身体及早浮出水面，滑行或打腿时头可以略低一些；如果身体没有及时浮出水面，通过手腕稍微上扬而帮助身体露出水面。

## （三）完整蝶泳转身练习

从与池壁相距5～10米处开始游蝶泳，按照蝶泳转身技术的规范动作进行完整摆动式转身练习。反复练习。

# 第六章
# 仰泳运动系统性训练与提高

在游泳运动中，仰泳是一种重要的泳姿，与蝶泳、蛙泳、爬泳等泳姿相比，仰泳这一姿势看起来更加优雅，在静止时就像漂浮在水面上一样。实际上，这一泳姿最初就是一种在水中休息的方式，后来经过逐步的演进才发展成为如今的比赛形式。运动员要想提升自身的竞技水平，需要坚持长期的系统性训练。本章就重点研究促进运动员仰泳技术水平提高的手段与方法。

## 第一节　仰泳运动概述

### 一、仰泳的起源与发展

仰泳，顾名思义，就是指身体仰卧在水面上游泳的姿势。在当今的竞技仰泳中，运动员的身体仰卧在水中，两腿上下交替打水，两臂经空中向前移臂后在体侧轮流向后划水。一般来说，仰泳主要包括反蛙泳和反爬泳两种形式，其动作结构与爬泳有着很大的相似之处，仰泳的速度仅次于爬泳和蝶泳，比蛙泳快一些。在奥运会中，仰泳也是一项重要的比赛项目。

实际上，仰泳最初只是人们一种在水中休息的方式，人们在游泳过程中游累了就会采用仰卧的姿势漂浮在水中，以获得休息。后来人们发现可以躺着用手臂向后划水前进，并不断对动作进行改进，就形成了如今我们看到的仰泳姿势。这一泳姿的演变可谓有着一定的历史渊源。

仰泳这一泳姿发展的时间还是比较早的，早在1900年第2届奥运会上，仰泳就已成为正式比赛项目，伴随着仰泳这一比赛项目的发展，运动水平也越来越高，其形式也越来越多样化。如在1912年第5届奥运会上，美国运动员赫布涅尔在比赛中采用爬式仰泳姿势，除了两臂划水之外还辅之以两腿上下拍水，最终以1分21秒的优秀成绩获得了100米游泳的冠军，充分表现出这一泳姿的优越性。1936年的第11届柏林运动会中，美国选手克菲尔在比赛中使用了非常合理和规范的技术动作，以较大的优势夺得了冠军，为现代仰泳的确立奠定了重要的基础。伴随着现代竞技体育运动的发展，仰泳的动作也向着更加规范的方向发展。

1968年，德国运动员马斯特以58.7秒的成绩打破了1分钟以上的纪录，震惊了世人。他在比赛中采用的大屈臂和深划水等技术在当时非常先进，其技术呈现出流线型的形式，这一形式奠定了现代仰泳技术的雏形，他也被称为20世纪70年代最优秀的仰泳运动员。2017年，国际泳联世锦赛上，我国仰泳运动员徐嘉余夺得100米仰泳的冠军，这也是中国男子第一个世界仰泳冠军。

## 二、仰泳的特点

要想更好地掌握与提高仰泳技术，就需要充分了解仰泳的技术特点，如此才能为运动员仰泳技术的学习奠定良好的基础。想要对仰泳技术进行了解，首先就要掌握仰泳的特点。只有充分理解了仰泳的特点与内涵，才能在训练中更好地贯彻训练理念，提升运动水平。

（1）仰泳的准备姿势为，游泳者仰卧在水中，脸部和胸部的位置比较高，露出水面，而身体下半部分的位置比较低，臀部需要埋入水中。

（2）运动员在开始游泳时，其双臂交替向前拨水，同时双脚在水下交替踢水，使身体向前驱动；游进过程中，运动员头部始终保持朝向正前方，每3次踢水动作中有1次是斜向交叉动作踢。通常情况下，运动员的手臂一般会处于或伸直或弯曲的状态，手臂伸直的作用是通过大幅度的划水为身体的前进提供推动力，而手臂弯曲则是利用臂肘来带动小臂和手部的姿势，为游泳者控制前进方向。

（3）运动员在划水的过程中，在手臂向后推水的情况下逐渐将手臂下压入水并且快速提肩出水，然后再带动手臂使身体浮出水面后继续前移入水，而且要让手在身体侧部，使其能够划出一个类似于"S"形的曲线，再由腿部打水加速直至露出水面继续向前移动，同时在再次入水之前要缓慢减速。弯曲臂肘能够更多地使用臂肌的力量，同时也能更好地配合前手臂和手部的动作以及游泳的方向。另外，和其他游泳姿势不同的是，仰泳没有入水的动作，游泳开始之前游泳者就要在水中以仰卧的姿势进行准备。

# 第二节 仰泳技术动作及方法

## 一、转身技术分析

仰泳中的转身技术很多，一般人们将其分为平转身技术，前、后滚翻转身技术和半滚翻转身技术三种，不过常用的只有平转身技术和前滚翻技术两种，下面我们对这两种进行介绍。

### （一）平转身技术

平转身技术动作非常简单，是游泳技术中最为基础的动作。只要围绕前后轴转动就可以了，而且因为无论头部是否在水面以上都可以进行平转身动作，因此在游泳运动中极为常见。

以右手触壁的转身为例，泳者以一定的速度向池壁靠近，在即将触碰到池壁的时候，应该借助标志绳调整转身距离和身体动作，而且左臂完成最后一次划水之后，泳者右臂要摆动到头部的左前方。而且头部和肩部要向做出偏，右手也要能够在左前方距离水面大约20厘米深的地方触壁。

## （二）前滚翻转身技术

前滚翻转身技术是指借助移臂时产生的向前的推动力，使整个身体绕轴转动然后形成俯卧的姿势，接着将划臂动作完成，再进行前滚翻完成整个转身动作。需要注意的是，身体从仰卧姿势转变成俯卧姿势之后，腿部不能继续做打水动作，因为身体转过去之后是垂直的，要采用俯卧姿势蹬离池壁。前滚翻转身动作也不是仰泳独有的，爬泳中的前滚翻动作和仰泳中的非常相似。

## （二）身体转动的效果

在仰泳游进的过程中，泳者的身体转动可以呈现出不同的效果，这一效果主要体现在以下几个方面。

（1）做手臂划出水面经过空中向前转动动作时，注意要将手臂同侧的肩膀也转出水面。产生的身体转动效果是肩部受到的水的阻力减少，相应地，手臂做动作受到的阻力也会减少。

（2）身体转动的同时将划水的手臂带入相同的水深，这样形成的姿势叫做"曲臂倒高肘"，不仅看起来非常优美，还能减轻划水时臂部的使用力量。另外，做这个动作时，划水的手臂和身体保持的角度也非常巧妙，手臂在这个角度刚好能够同时带动肩部、胸部和背部的肌肉运动，能够有效增加手臂划水的幅度。

（3）身体在转动的同时两腿要向侧面适量地打水，这样做能够减弱单侧手臂划水给身体带来的不稳定性，防止身体向一侧过度倾斜，使身体保持正确的姿势向前游动。

（4）虽然标准的仰泳姿势是很多人的追求，但是每个人的身体条件不一样，人们在进行仰泳时也不必一味追求姿势的标准度，利用自己的身体条件优势适当地调整动作也是一种值得提倡的态度。比如肩部关节比较灵活的仰泳爱好者，身体转动的幅度不用太大也能支持手臂的动作，而肩部关节灵活性差一些的仰泳爱好者，就只能使身体转动的幅度大一些来支持手臂的动作。

## 二、腿部技术分析

虽然仰泳运动中人们会更加关注手臂的划水动作，但是这并不意味着腿部动作不重要。人们仰泳时会将腿部放在比较高的位置，这样能保持身体的舒展，还能够使身体呈现流线型，降低水对身体的阻力。在用一侧手臂划水时，人们还会用两腿不停地向身体两侧拍水，以此来调整身体的方向，防止单臂划水的动作带偏身体的方向。另外腿部拍水产生的力量还能成为驱动身体前进的动力，促进人们向前游进。因此，想要完全掌握仰泳这项运动，对腿部动作的学习必不可少。

仰泳的腿部动作比较简单，要点在于：要以髋关节为支点，使用大腿发力，逐步带动小腿、双脚，而且小腿和双脚要像甩鞭子的动作一样进行上下运动，同时两腿要快速交替（图6-1）。[①]虽然这段话初学者也能完全理解，但是仰泳运动的精髓在于实践而不是理论。教练在进行仰泳教学的时候要亲身进行示范，让学员通过近距离的真实观察形成对腿部动作的认识，能够大概将腿部动作模仿出来。学习过程中还要注重让学员亲身体验动作，使他们能够在练习中感受动作。教练员可以先从最基础的直腿打水教起，让学员自己感受什么叫做"大腿带小腿，小腿带脚"，然后再逐步升级动作的难度，这样学员就能够慢慢掌握整套腿部动作。就学员来说，想要尽快掌握腿部动

---

① 南来寒.仰泳[M].长春：吉林文史出版社，2014.

作就要经常进行练习，提高动作的熟练度。

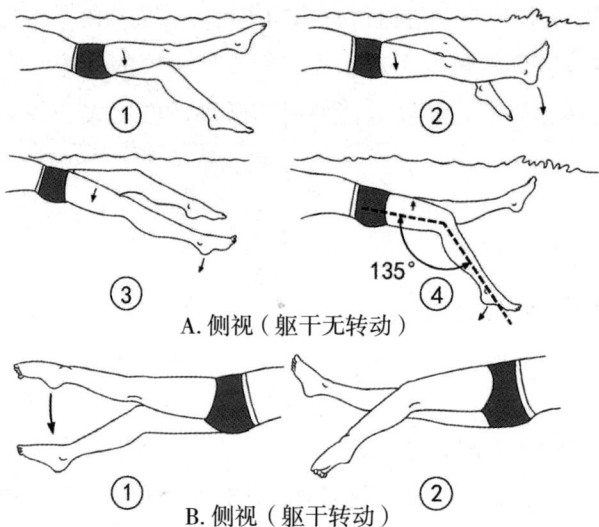

135°

A. 侧视（躯干无转动）

B. 侧视（躯干转动）

图6-1 仰泳腿部动作

为了加深大家对仰泳腿部动作的理解和记忆，人们将其中的动作要点提炼出来，编写成了口诀，如下：

大腿带小腿，两相共发力，双腿交替如甩鞭，上踢下压使劲直，脚尖膝盖不出水。

具体的腿部技术训练方法如下：

（1）在岸上模拟练习腿部打水。为了学员的安全着想，最开始的腿部打水练习在岸上进行。姿势为：上半身向后仰，双手也向后撑，模拟仰泳时的上半身动作，小腿前伸，双脚伸到水中，然后双腿上下交替拍水。练习时要注意由易到难的过渡，先进行直腿练习感受拍水动作，再模拟真实的仰泳运动中的"甩鞭子"动作。

（2）进入水中练习。初学者可以利用浮板之类的工具使身体漂浮在水中，在真实的水中环境练习腿部的拍水动作。

（3）仰卧蹬池壁滑行练习。这种练习方式需要借助游泳池里的扶杆或者池槽，一开始练习者先用双手抓住扶杆或者池槽，双脚贴在游泳池池壁上。

然后上半身模拟仰泳的姿势，后仰直至卧进水中，这时再松开双手，将两只手臂紧贴在身体两侧，再用双脚用力蹬池壁，使身体成流线型在游泳池中向前游动。

（4）向下打水动作练习。向下打水动作就是整个腿部打水动作中向下打水的部分，具体动作是腿部抬起后从空中进入水中。动作要领为：髋关节为中轴，腿向下运动带动臀部和大腿的后侧肌肉收缩，大腿运动带动小腿运动，同时脚要配合向下运动。

（5）向上打水动作练习。向上打水动作练习是腿部打水动作中的向上部分，具体动作是腿部用力从水中抬起至空中。动作要领为：髋部腰部肌肉和肱四头肌等肌肉群要用力收缩，大腿持续向上移动，同样是大腿动作带动小腿动作，同时脚部配合向上运动。

（6）仰泳鞭状打腿动作练习。鞭状打腿动作要求两腿之间的配合程度非常高，一只腿落下，另外一只腿就要接着迅速向上抬，两腿的动作起伏始终保持着固定的节奏。抬腿的高度要求是45厘米左右，而且两个动作的用力大小不一样，一般上抬腿的动作比较费力，而下落腿比较轻松。

（7）上踢动作练习。上踢的动作必须要快速完成。而且在上踢的时候，应该注意到不能让膝盖和脚部露出水面，不然就会影响到打腿效果（图6-2）。

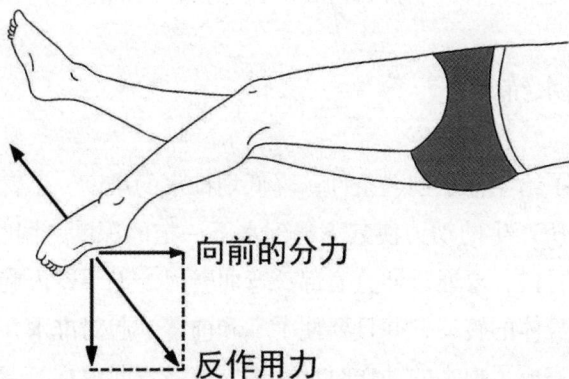

向前的分力

反作用力

图6-2　仰泳上踢动作

## 三、臂部技术分析

手臂动作是仰泳中最主要的动作，也是推动人体在水中向前游进最主要的动力，想要掌握仰泳技术最重要的就是要学会手臂动作。仰泳的手臂动作包括入水、抱水、划水、出水和空中移臂五个部分，这五个动作紧密连接，相互承启。下面我们将分别对这五个动作的要点进行介绍。

### （一）入水练习

#### 1.准备动作

手臂保持在头部和侧肩连成的直线的延长线上；手臂和肘关节都保持伸直的状态；手掌朝外。

#### 2.入水动作

手掌和前臂形成一个150°的角；手掌内侧率先进入水中，其中小拇指又排在第一位，其他部位随后，这样做的好处是能够减少手臂入水时的阻力；身体要随着手臂入水的动作同时向同方向转动，这样帮助加大手臂入水的深度；入水动作完成之后，手臂的位置应该保持在水面之下的10～15厘米。

### （二）抱水练习

抱水是为了给划推水创造条件，降低划推水的难度。手臂入水以后要利用手臂移动时所产生的动力使其下滑到水下一定的深度，同时手掌在向下、向侧面移动的时候，要通过伸直肩部、弯曲臂肘、上手臂内旋和手腕弯曲的动作，来配合身体的转动，并且要使手掌和前臂一起对准水并产生压迫的感觉。然后，当完成了抱水的动作时，肘部应稍微弯曲成150°左右的弧度，且手掌距离水面大约30厘米，同时肩也保持在较高的位置。

## （三）划推水练习

划推水动作是指手臂划水划到身体侧面，划水时手掌掌心冲向身体，向身体下班部分划水到大腿的位置。顾名思义，划推水动作包括两部分，分别是拉水动作和推水动作。

### 1.拉水动作

具体的拉水动作是指手臂的前半部分向内侧旋转，手臂弯曲，呈手掌向上、手肘向下的状态，并且随着手掌的移动，手臂的弯曲程度越来越大，当手掌移动到肩膀外侧的时候，屈臂的角度为100°，此时也是手臂弯曲的最大程度。此外，拉水的过程中，始终要使手掌、小臂和前进的方向保持直角不变。拉水是一个非常费力的过程，为了降低拉水时的阻力，使手臂入水的深度更深，身体也要配合手臂的动作，大幅度向进行拉水的手臂的一侧转动。

### 2.推水动作

推水是在手臂划水过肩侧的时候进行的，进行拉水动作时手臂肘关节和后臂逐渐向身体靠拢，同时手臂向双脚的方向用力推水。当推水快要结束的时候，小臂开始内旋然后做出转腕下压的动作，同时手掌的掌心也是从向后转为向下。而且，在推水结束之时，手臂是伸直状态的，手掌也要在大腿的侧下方。因为在推水过后，仰泳者要借助手掌压水的反弹力量来实现迅速提臂出水动作。

## （四）出水练习

进行手臂出水动作时，手掌需要保持外旋状态，小拇指先伸出水面，然后用小拇指带动整个手臂出水，注意手臂需要保持伸直的状态。

## （五）空中移臂练习

手臂出水以后，手快速从大腿外侧的位置移动到肩部，注意手臂移动到空中时应该和水面保持90°。手臂移动到肩膀上方时，手掌内旋，掌心外翻。空中移臂练习最重要的两点：一是要舒展身体，手臂伸直；二是注意手臂移动的速度要非常迅速。

# 四、动作配合技术分析

## （一）仰泳中臂、腿、呼吸配合一致

仰泳运动除了需要做好每个单独动作，还要求各个动作之间协调一致。仰泳运动中需要有机配合的主要有三个动作，分别是臂部动作、腿部动作和呼吸，一般一个动作周期包含6次打腿（左腿3次、右腿3次）、2次划水（左臂1次、右臂1次）、1次呼吸，人们简称其为6∶2∶1。

## （二）呼吸和臂部动作的配合

仰泳运动因为大部分时间面部都露在水面之上，所以呼吸相对于其他游泳姿势来说没有那么困难。但是呼吸时需要注意的是，要配合动作的速度和节奏，根据动作调整呼吸，以保证无论做什么动作都能够有充足的浮力来保持身体的位置。

呼吸与臂部动作配合的具体动作为：手臂经过空中向前移动时，用口深呼吸；手臂进入水中时，深呼吸结束；划水时重复进行口、鼻呼吸。

## （三）两臂前后划水的配合

仰泳划水时，要求两臂之间的配合既紧密又迅速，基本上一只手的划水动作做到一半，另一只手的移臂动作也要做到一半，这样才能保证划水动作能够一直连贯进行，不中断地为身体提高前进的动力。

划水时两只手臂的动作是朝着相反的方向进行的，我们可以根据手臂动作方向的改变，对划水进行以下区分。

### 1.沿螺旋曲线状向下划水以及抓水

手臂划入水中不能马上向后划水，因为此时划水会因为手臂离水面太近产生大量的空气泡，使划水产生的动力太小。正确的做法是先将手臂伸到水比较深的位置，再抓水划水。

### 2.沿螺旋曲线状向上划水

沿螺旋曲线状向上划水的仰泳动作也被称为高肘划水，具体动作为：手臂在完成下划动作后，沿着身体的转动方向转动，肘关节逐渐下降，手臂向后划水时的路径呈现螺旋曲线状，同时手臂能够向上、后、内三个方向划水，肘关节的弯曲程度也要不断增大。手臂滑到肩部下面时，身体的转动幅度和屈肘的程度都达到最大，分别为45°和100°。

### 3.呈螺旋曲线鞭状向下划水

呈螺旋曲线鞭状向下划水是一个非常适合用来冲刺的动作，一般比赛中，仰泳运动员都会在做这个动作时加速，所以对这个动作的一个非常重要的要求就是速度要快。

运动员手臂呈"S"形划水，手掌向身体后方划水，这样做能够使身体获得一个阻力型前进推动力；之后身体逐渐向后花式手臂的反方向转动，手臂沿螺旋曲线的形状先向下、再向内、而后再向后加快速度划水，一直到让整个大腿完全伸直。利用这个动作划水的过程中，手、手腕和腿部会进行一些鞭梢抽打水的动作，目的是转移身体的用力位置，最开始发力的部位是大关节，之后变成小关节，因为小关节具有质量小的特点，所以在比较短的距离内运用小关节划水，能够保持比较快的速度。当鞭状下划即将结束时，要保持手臂伸直到大腿的下方向、手掌向下与水面保持大概25厘米的距离。但是对于专业的仰泳运动员来说，他们在螺旋曲线鞭状时手指不一定都是向上的，有些人的手指会呈现向外的姿势，这样能给他们带来更大的升力。

# 第三节　仰泳技术针对性训练与提高

　　运动者在具备了基本的仰泳技术后，还要针对某些技术进行加强训练，这样才能有效地提高仰泳技术水平。本节就对仰泳的几个重点技术环节设计针对性的训练手段和方法，以为运动员参加仰泳技术训练提供一定的帮助。

## 一、移臂训练

### （一）空中停顿训练

　　此训练与常规仰泳动作基本相同，唯一不同的是，当手臂移臂过半时，突然停住，掌心从向内转为向外(1次或者多次)。运动员要注意停顿的手臂在肩上方伸直，使手掌在合适的时机向外转动。此训练的目的在于指导运动员掌握垂直移臂和正确的入水动作。

### （二）双臂仰泳训练

　　此训练适用于入水过窄的运动员。2个手臂同时进行移臂，这样就不可能出现入水过窄的错误动作，让运动员感受手臂在肩前入水。这个练习也有助于正确完成四个水下划水阶段，需要引导运动员关注体会水下划水动作。

### （三）向内—向外移臂训练

　　此训练适用于低平移臂的运动员，可以对抗运动员在移臂的前半程手臂向体侧外摆，移臂后半程再向内摆动的倾向。练习中要求动作准确，在移臂的前半程手臂向上、向内移动，然后手臂向外移过头顶，最后向下入水。经常参加这一技术的训练能有效帮助运动员提升自身的游泳推进能力。

### （四）贴泳道线训练

此训练是垂直移臂的一种有效方法。运动员在水中用一侧的肩部靠着泳道线，迫使运动员移臂时，保持手臂垂直。因为移臂出水时，如果出现手臂外摆动作，则将受到泳道线的阻碍。运动员应该沿泳道线一侧游，以便于来回交替纠正左右臂的动作。

## 二、打腿训练

### （一）侧卧打腿训练

一手臂水下前伸过头顶，另一手臂位于体侧，侧卧打腿。这个练习有助于提高侧向打腿技术和身体的转动。在训练的过程中，身体朝前伸手臂的方向转动，经过6次腿、8次腿或是多次打腿后，再向另外一侧转动。

还可以通过变换练习形式来提高6次腿的动作节奏。一手臂前伸过头顶，另一手臂位于体侧，先侧打2次腿，再转到另一侧，转体同时，手臂位置也随之改变。运动员先侧向打2次腿，然后转体时打2次腿，最后到另一侧再打2次腿，这样以稍加延长的6次腿节奏练习。开始时不做划手动作，只是每次转体时改变手臂位置。当运动员打腿与身体转动配合熟练后，可以加上并体会手臂划水动作。

### （二）仰卧打腿训练

此训练有助于提高腿部耐力和力量，也有助于身体保持水平姿势。练习时，运动员两臂在水下，位于体侧或前伸过头顶。如果两臂位于体侧，在打腿的同时转动肩膀，可以提高身体转动姿势。两臂位于体侧的打腿练习较为容易，适用于仰泳初学者和打腿较差的运动员。手臂前伸的打腿练习较难，但是能很好地保持身体流线型，特别是对"坐"在水下打腿的运动员更为有效。手臂要尽可能在水下前伸，手掌朝上，十指相扣。

### （三）单臂举手打腿训练

运动员身体侧卧，一个手臂上举伸肩并抬出水面，另一手臂在水下位于体侧。运动员身体转向位于体侧的手臂方向，这样伸直手臂的一侧肩膀就能抬出水面。多次打腿后可转向异侧方向。此训练能很好地提高腿部耐力和力量，因为运动员必须通过打腿来支撑上举的手臂。

### （四）扶板打腿训练

此训练主要用于纠正蹬腿打水的错误动作。运动员纵向持板，使打水板位于大腿上方。如果打水板上下起伏，大腿触碰了打水板，说明膝盖和大腿在做蹬腿动作。正确的打腿动作是使打水板保持水平不变。

### （五）顶海绵打腿训练

此训练主要是为保持头部稳定。把一块海绵放在脑门上，游行过程中，保持海绵不掉下来。如果没有海绵，也可以换成硬币或者是潜水环等其他的物品。

## 三、水下海豚腿训练

如果运动员想在比赛中运用水下海豚腿技术，先要掌握正确的技术动作。训练时，尽可能保证完成15米以上的水下海豚腿动作。下面就是几种提高海豚腿技术的方法。

## （一）25米、50米、75米水下冲刺训练

此训练可以戴脚蹼完成。脚蹼是一种很好的辅助性器材，初学者或者游泳水平不高者可以采用这一方式。脚蹼可以帮助身体完成小而快的海豚腿动作和身体震颤动作，这对提高水下海豚腿速度十分重要，同时，也能使运动员轻松完成较长距离的水下海豚腿动作。熟练地完成戴脚蹼练习后，可以脱去脚蹼练习，过渡到实际需要的海豚腿动作。可以安排10～12个25米练习、6～8个50米练习和3～4个75米练习，间歇时间为1～5分钟，让运动员充分地休息，高质量地完成冲刺练习。

## （二）出水训练

此练习可以采用任意距离进行。蹬边后完成15米水下海豚腿动作，采用鞭状打腿出水，直至完成剩余距离。运动员要注意利用最后2～3次腿，使身体逐渐向水面上升，出水前开始仰泳打腿动作。海豚腿与仰泳打腿之间的转换过程虽然会不可避免地产生速度的下降，但是运动员应尽量体会用相同的节奏速度出水。

## （三）水下耐力训练

此练习有利于提高运动员比赛时的水下活动能力。在25米的泳池中点处绑一根医用橡胶管，然后进行50米～100米重复练习，以管子为参照物，每次水下海豚腿都要超过管子的位置。

# 四、十字转髋仰泳训练

十字转髋仰泳练习法的重点在于用人的髋部发力，优点是既能够使人省力还能够提高游泳速度，并且能够帮助仰泳人员固定自己的头部和肩部，防

止被呛水。下面是十字转髋练习法的具体训练步骤。

（1）仰卧漂浮在水中，舒展身体，挺胸、抬头、收腹、敛臀。

（2）轻收下巴，缓缓将双臂在水面上张开，使双臂和身体成一个"十"字，手掌朝下。

（3）双臂保持张开姿势不变，髋部顺时针向右转，肩部同时、同方向随髋部转动，双肩和水面保持90°角，身体横卧在水中，双脚开始鞭水。

（4）鞭水过程中，髋部沿顺时针方向向身体右侧转动，转动之后双脚埋入水中鞭水三次，之后身体沿逆时针方向向身体左侧转动，双脚同样埋入水中鞭水三次。重复动作，借助鞭水产生的动力推动身体前进。

（5）顺时针转动髋和肩时，头部依旧保持上仰并且露出水面的姿势，下巴尽量向肩部转动。

（6）身体转动时，手的位置不变，手心向下，一手前伸，一手后伸，自然躺在水中侧身鞭水。

（7）右侧身鞭水一定时间之后转动方向以同样姿势进行左侧身鞭水。

（8）熟练掌握转身、鞭水的动作之后，可以在右侧身的同时，以肘部向上的姿势缓缓抬起左臂，小臂和手掌自然放松下垂，手掌的位置以垂在同侧腋窝下面为最佳。保持这一姿势，继续侧身鞭水。

（9）身体变为左转身鞭水时，先将左肘慢慢下落，左手手掌朝下抚摸水面向左侧伸出，同时使整个身体逆时针左转，提右肘形成右小臂和右手下垂，使右手手背贴背后或手指垂在身体腋窝处即可。面部保持朝天，腿部继续鞭水。

根据以上步骤进行重复练习，对于快速掌握仰泳技能、提高仰泳技术都有很大的帮助。

# 五、土屋仰漂训练方法

土屋仰漂练训练最重要的特点就是人们先要能够在水面上漂浮起来，要求是脸部朝上、后脑勺浸入水中、胸部挺出水面，全身的力气放空，整个人放松地平躺在水面上。其基本动作方法如下所述。

## （一）坐姿打水训练

运动员坐在池边或地上，两手后撑，两腿伸直，腿内旋使脚尖相对，脚跟分开成八字，两腿放松，以髋为轴，大腿带动小腿，上下交替打水。

## （二）仰踢训练

运动员仰躺在泳池中，接近比赛中的仰泳姿势，双手向上做仰踢动作。需要注意的是，实际仰泳比赛中是不会用到这种姿势的，因为这样会造成身体重心的下移而导致身体下沉。但是这种动作能够锻炼腿部的力量和灵活性，为运动员的游进速度提供一定的帮助。

## （三）仰漂打水训练

以立正的姿势仰漂在水中练习打水，刚开始的力度比较小，后面力度逐渐增加。

## （四）抱着浮板仰式打水训练

在水中漂浮比较困难的人可以借助漂浮工具在水中练习打水，目的是使人们感受仰踢打水的动作要领。但是这种练习方式会产生不良的影响，比如腰部无法伸展，容易使人形成错误的仰式打水姿势，一般情况下不建议借助工具进行练习。

## （五）花式训练

划手练习是一种不必非在水中进行的动作，主要是练习两手的力量、灵活性和双手之间配合的默契度。

## （六）单手仰泳训练

闭气姿势单手仰踢练习。以拇指领先出水上举，小指入水。划手到大腿的地方，有一个翻转手掌的动作。也有人以小指出水小指入水的。两者皆可。

# 第七章
# 蛙泳运动系统性训练与提高

蛙泳历史悠久，是欧洲中世纪以后第一种用于游泳比赛的泳姿。蛙泳是其他泳式形成的基础，其他很多泳式都是由蛙泳演变而来的，所以将蛙泳技术熟练掌握好，能够为学习其他泳式打好基础。蛙泳动作较为简单，易于学习和掌握。游蛙泳时，身体姿势较为平稳，动作不是特别费力，呼吸也比较自然，将蛙泳的动作节奏把握好后，游泳的距离也会慢慢增加。本章主要对蛙泳运动训练与提高展开研究，首先阐述蛙泳运动的基础理论，其次分析蛙泳主要技术的动作方法，最后对蛙泳技术的专门训练与提高进行研究。

## 第一节　蛙泳运动概述

### 一、蛙泳的起源与发展

#### （一）起源

蛙泳的历史非常悠久。早在2 000—4 000年前就已经出现了和蛙泳有关的史料记载。早期欧洲国家将蛙泳称作"青蛙泳"。当时蛙泳的动作特点是两腿分开，两膝间距较大进行蹬夹水，身体较为平衡，姿势相对稳定，游泳时不费力，呼吸自然，受到很多游泳爱好者的喜爱。但是蛙泳速度并不快，所以很少被自由泳运动员采用。

## （二）发展

蛙泳的发展历史主要体现在蛙泳技术的变化中。蛙泳技术的演变经历了以下几个阶段。

### 1.传统蛙泳阶段

在蛙泳发展早期，游泳运动员通过延长划水路线而提高速度。运动员手臂划水到大腿两侧，屈膝靠近腹部再蹬夹水，身体明显起伏，这种游泳姿势被称作"跑马式蛙泳"。这种泳式因为身体起伏大，增加了水的阻力，影响了游泳速度，所以被运动员做了调整，如减小手臂划水和收腿的动作幅度，两腿先蹬水然后夹水等，经过改进后，游泳速度得到提升。后来经过多次改进，身体越来越平稳，上下肢配合越来越协调，从而形成了"平航式蛙泳技术"，也就是后来的"传统蛙泳技术"。

### 2.蝶式蛙泳阶段

1936年，国际游泳联合会修改游泳竞赛规则，允许运动员蛙泳时划水后在水面线向前移动双臂。两臂在水面移动受到的阻力小，能够提升速度。新规则中的手臂划水动作和蝶泳手臂动作相似，所以用"蝶式蛙泳"来命名这项技术，其特点是蛙泳腿、蝶式臂。

### 3.潜式蛙泳阶段

第15届奥运会后，国际游泳联合会新增蝶泳比赛项目，蝶泳和蛙泳成为两个独立比赛项目。这一时期，运动员发现水下蛙泳因波浪阻力减少而提升了游泳速度，而且有助于发挥手臂力量，于是潜水蛙泳越来越受欢迎。

### 4.水面蛙泳复苏阶段

第16届奥运会后，国际游泳联合会重新修订游泳竞赛规则，禁止运动员运用潜式蛙泳技术。水面蛙泳技术得到恢复，而且逐渐出现不同技术形式，如"半高航式""高航式""海豚式"等蛙泳技术，奥运会上运动员采用新的蛙泳技术取得了良好成绩。

### 5.现代蛙泳阶段

1986年，国际游泳联合会再次修改游泳竞赛规则，将蛙泳项目中运动员头的一部分应始终露出水面改为在每个完整动作周期中运动员头的某部分应露出水面，规定运动员向后蹬水时必须外翻，禁止采用类似海豚腿的动作或上下打水动作。新规则明确区分了蛙泳和海豚泳，促进了蛙泳技术的发展。之后出现了新的蛙泳技术流派，如"波浪式""冲潜式"等技术，运动员纷纷尝试新技术，有效提高了竞赛成绩。

## 二、蛙泳的功能

### （一）健康功能

#### 1.提高心肺耐力素质

人体肌肉长时间运动的持久能力就是所谓的心肺耐力。良好的心肺耐力是建立在组织器官功能良好的基础上的，如心血管功能、心脏功能良好。只有心肺功能健全，健康才有保障。

（1）蛙泳锻炼有助于增强心脏的泵血功能，增加心血输出量，改善心脏功能。

（2）通过系统的蛙泳锻炼，还有助于提升呼吸系统机能，如增强呼吸肌力量，增加肺活量和肺通气量，为满足机体活动对氧气的需求提供保障。

（3）经常参加蛙泳运动，有助于改善血管系统形态，提升血管系统机能，增强血管系统的适应力，从而使机体工作能力得到提升。

**2.促进心理健康**

蛙泳运动除了能够促进人体生理健康外，对促进心理健康也具有重要意义。这主要从短期效应和长期效应两个方面体现出来。

从短期效应来看，蛙泳锻炼可以暂时性地改善人的情绪状态，缓解人们的紧张、焦虑、慌乱、抑郁等不良心理症状，提高人的精力和愉快程度。人们参与蛙泳锻炼时，个人健康水平、运动强度、运动形式等因素直接影响蛙泳运动促进情绪健康的效果。

从长期效应来看，长期科学参与蛙泳锻炼，能够减少不良情绪产生的频率，使人经常保持愉悦的心理和积极向上的心态，积极情绪占主导。

## （二）实用功能

游蛙泳时，游泳者呼吸是面向正前方的，呼吸自然，简单。初学蛙泳的人将手臂、腿和呼吸的配合方法掌握后，就能游较长的距离了。蛙泳方式有些类似于踩水，将蛙泳技术掌握好后，学习踩水也会容易一些，而踩水是非常实用的游泳技能，能够更好地保障游泳者的安全。因此初学者学习游泳时，首先尝试的就是蛙泳。

游蛙泳的过程中，动作节奏鲜明，间歇明显，每结束一个动作周期后都会放松地滑行一段距离，相对较为省力，所以在游泳者的坚持下，游泳的距离和时间都可以较长一些，这也是蛙泳很受中老年游泳爱好者喜爱的主要原因之一。在一些武装泅渡活动中，也常常用蛙泳的方式来完成任务。

采用蛙泳姿势游泳，抬头，目视正前方，开拓视野，并能对游进的方向有很好的把握和调整。蛙泳是其他实用游泳方式如侧泳、反蛙泳、潜泳等的基础泳姿，掌握蛙泳技术后，学习这些实用游泳方式就比较容易了，而掌握这些实用游泳技能后，就能更好地发挥其在水上救护方面的价值了。

蛙泳还具有很好的隐蔽性，游泳者基本都是在水下完成臂和腿的动作，再加上既能够潜游，又有很好的视野，所以在水上侦查中可以发挥重要的实用功能。

## 三、蛙泳竞赛规则简介

### （一）泳式规定

在竞技游泳比赛中，关于蛙泳这种泳式的规定，主要提出了以下一些关键性要求。

（1）运动员的出发技术必须在出发台上完成，总裁判鸣哨示意，运动员走上出发台，听到"各就位"口令（由发令员发出）后，一脚或两脚都置于出发台前缘，对手臂位置没有特别规定，充分做好预备出发姿势。

（2）出发之后以及完成每一次的转身动作后，从第一次臂的动作开始，身体一直是俯卧在水中的，这个身体姿势是不能变换的，每个动作周期都包含划水一次和蹬腿一次。

（3）运动员要在同一水平面上完成所有臂的动作，也就是说不能交替划手。

（4）双手在水下、水面或水上的动作都是同时进行的，一般不允许两肘露出水面（除转身前、转身中和终点触壁前最后一个动作之外），两臂向后划水时不允许高于臀线（除出发和转身后第一次划水之外）。

（5）在任意一个动作周期中，运动员始终要保证头的一部分在水面外。只有在出发和转身后，第一次划水时允许手臂充分向后划到腿部，第二次划水到最宽点并在两臂内划前，必须保证头露出水面，身体全部都在水中时，允许两腿做海豚式打水一次，然后与蹬水动作紧紧衔接起来，此后要求两腿动作必须在同一平面内完成，不得交替进行。

（6）运动员在蹬腿时，要求脚外翻，以产生更好的推进力。在任意一个完整动作周期中，剪夹、向下海豚式打水或上下交替打水都是不允许的，一般允许两脚露出水面（除身体全部没入水中即将做向下海豚式打腿动作外）。

（7）完成每一次转身以及达到终点时，双手在不同空间（水面、水中、水上）都应同时触壁，触壁前完成最后一次划水后，允许头没入水中，但在触壁前的配合动作中，依然要求头的某一部分露出水面。

## （二）犯规

关于犯规的规定，主要有下列几种情况。

（1）所有运动员都有自己的泳道，必须在各自泳道内比赛，在比赛结束前如果脱离自己的泳道范围内，则判为犯规。

（2）任何选手不得用任何方式对其他选手造成干扰和阻碍，否则将其比赛资格取消。

（3）选手在每次转身时都要保证身体触碰到了池壁，只要某一部分身体部分碰到即可。

（4）任何选手不得佩戴手蹼、脚蹼等对提升浮力和速度有利的器具，允许戴护目镜。

（5）带游、陪游是被禁止的，任何具有速度诱导性质的方法都是不允许采用的。

# 第二节　蛙泳技术动作及方法

## 一、手臂动作

## （一）开始姿势

蹬腿结束后，两臂在体前并拢伸直，手指并拢，掌心朝下（图7-1）。

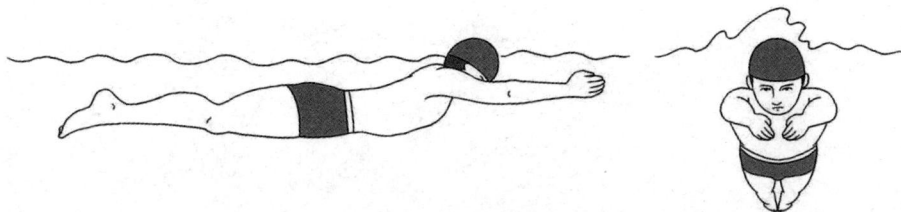

图7-1　开始姿势

## （二）抓水

抓水是划水的基础动作。抓水时，前臂内旋，掌心向侧、向下、向后，然后两臂分开，同时勾腕抓水，感受到水对前臂和手掌的压力时开始向外划水。抓水结束时，两臂分开，稍宽于肩（图7-2）。

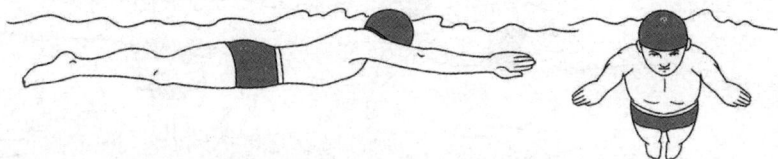

图7-2　抓水动作

## （三）外划

划水是手臂动作产生推进力的重要环节，抓水结束、做好划水准备后开始外划。两臂向侧后、侧下方划水的同时逐渐屈肘，前臂移动比上臂快一些。两手划至最宽点时，位于肩的前侧下方，两臂分开大约120°，外划结束（图7-3）。此时，肘关节弯曲成钝角，双手间距大于两肘间距，肘高于手，掌心朝向侧后下方。

图7-3 外划动作

## （四）内划

内划是外划的继续，正确的内划不但能够产生推进力，同时也能产生使身体上升的力，内划时先向内、后、向下划水，同时前臂稍外旋，使手掌由向侧、向后、向下逐渐转为向后、向内、向下，两手划至最低点时，位于肩部前下方，肘关节弯曲约90°，这时手和肘同时向内、向上运动，两手手掌转为斜相对。内划结束时，两手位于头前正下方，肘低于手，屈肘成锐角（图7-4）。

图7-4 内划

## （五）伸臂

收手后继续推肘伸臂，推肘不是先伸肘关节，而是伸肩关节的同时伸肘关节。双手先向前上方伸，在下颌下接近并拢时再向前伸，通过向前伸肘和伸肩，两臂前移至伸直，恢复滑行姿势。伸臂过程必须连贯，不能停顿（图7-5）。

在完整的手臂动作中，手的活动轨迹成一个"倒心形"，手臂动作速度由慢而快变化。

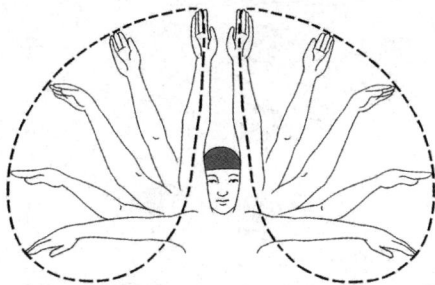

图7-5　伸臂动作

## 二、腿部动作

完整的腿部动作包括收腿、翻脚、蹬腿、滑行4个动作环节（图7-6）。

### （一）收腿

收腿是翻脚、蹬夹的准备动作。大腿放松，收腿的同时屈膝、屈髋，两腿慢慢分开，小腿和脚跟在大腿后面。收腿动作自然、放松，力量较小，速度较慢。收腿结束后，大腿与躯干形成130°～140°的夹角，脚后跟靠近臀部，小腿垂直水面，两膝间距同肩宽。

### （二）翻脚

为了延长蹬水路线，随着收腿的结束，两脚继续靠近臀部，大腿内旋使两膝内压，同时小腿外翻，脚尖向两侧外翻，使脚掌内侧正对蹬水方向。

翻脚时膝关节内扣，勾脚旋外，脚跟尽量收至臀部。翻脚结束时小腿内侧及脚内侧对准水，从后面看像英文字母"W"。

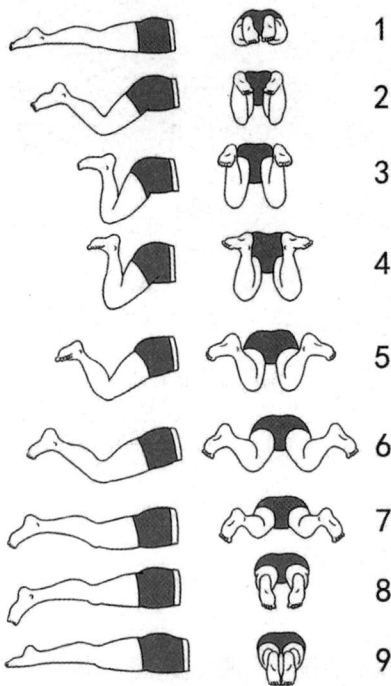

图7-6 蛙泳腿部动作

## （三）蹬夹水

蹬夹水技术包括蹬水和夹水两个部分，二者密不可分。蹬夹水时，身体的核心力量及大腿同时发力完成伸髋、伸膝、伸踝动作。蹬水时应勾脚，延长小腿内侧及脚内侧对水面的时间。脚跟向外、向侧、向后快速有力蹬水。蹬水即将结束时，踝关节内旋，双腿用力内收并拢，完成夹水动作。完整的蹬夹水动作是由慢到快的鞭状蹬水过程。

## （四）滑行

蹬夹结束后，由于蹬腿的惯性作用，两腿保持短暂滑行。滑行前先迅速抬腿直至与水面平行，以减少水的阻力。滑行过程中两腿尽量并拢、伸直，腿部肌肉和踝关节放松，为新的动作周期做好准备。

# 三、配合技术

## （一）呼吸与手臂的配合

掌握呼吸的时机非常重要，两臂准备外划时先抬头呼出在水中未吐尽的一小部分气，开始内划时准备吸气，内划收手，伸臂，整个吸气过程不要太急，尽可能吸满气，然后头低入水中，伸臂滑行时慢慢呼气，为下一次呼吸做准备。整个过程身体保持流线型，动作连贯，匀速前进。

## （二）手臂与腿的配合

手臂与腿的配合是非常重要的蛙泳技术环节，直接影响手臂和腿的动作效果及游泳速度。正确的配合要领是：手臂外划时，腿放松、自然伸展，臂内划时收腿和翻脚，手臂即将伸直时再蹬腿。现代蛙泳技术中腿与臂的配合特点是，收腿时间比传统技术稍晚，收腿速度及收、翻、蹬的连接速度提升。

## （三）完整配合

游蛙泳时，为了匀速游进，腿、臂、呼吸的配合应尽量流畅、协调，使游进过程中每个动作周期内的各个组成部分都能产生和保持良好的推进力。通常采用1：1：1的配合形式，即一次划臂、一次蹬夹腿、一次呼吸，先划手，吸、呼气，后蹬夹腿滑行。

## 四、出发技术

蛙泳的出发技术和蝶泳、爬泳这两种泳式的出发技术比较相似，都是要求必须站在出发台上做好预备姿势而出发。蛙泳出发的入水深度大约在90厘米，是4种常见竞技泳姿中最深的。选手出发入水后保持流线型滑行姿势，等速度减慢后，在水中完成长划臂技术动作，然后伸展手臂、收腿、蹬水、吸气、起游。

下面具体分析蛙泳抓台式出发技术的动作方法。

（1）站在出发台上，两脚左右开立，间距与髋同宽，脚趾将出发台前沿勾住，头低下，上体前屈，膝部稍屈，两臂自然下垂于体侧，双手将出发台抓住，身体重心置于两脚脚掌上。

（2）选手听到枪响后，迅速向上提拉手臂，身体向前下方倒，然后屈膝、抬头、摆臂、展体，双脚用适度的力蹬离出发台。

（3）低头，伸展手臂，两腿充分伸展紧紧并拢，头夹在两臂间，身体入水时呈流线型。

（4）身体入水后稍滑行一小段距离则完成一次长划臂动作，即两臂伸展，向侧划水，肘部弯曲向内后方拉水，两手划到肩下时再向后外方推水直到大腿两侧。然后两臂向身体贴近，伸臂向前，同时收腿，手臂即将伸直时蹬腿使身体浮起，接着在水面做蛙泳动作。

## 五、转身技术

游泳竞赛规则规定，在蛙泳项目的比赛中，选手在转身过程中双手在不同的空间都应同时触碰池壁（水面、水上或水下），触壁前两肩平行于水面，转身后的长划臂和蝶泳腿潜泳动作都只能做一次，而是必须在水中完成。蛙泳的转身动作和其他泳式的转身动作相比，速度稍微慢一些，而且只能采用抬头吸气转身法完成转身。完整的转身技术包括下列几个环节。

## （一）触壁

动作方法：

（1）完成最后一次蹬腿后，保持速度向池壁游进，两肩平行于水面。

（2）双手在正前方同时触碰池壁，触臂位置要比身体重心高。

## （二）转身

动作方法：

（1）触壁后，整个手掌压向池壁，接着屈臂、屈膝、团身，这些都是随惯性完成的。

（2）沿身体纵轴向右转体，抬头吸气，同时右手推离池壁随身体转动而向右前方伸展。

（3）身体右转至与池壁侧对时，向游进方向甩头，头没入水中。

（4）左手离壁后空中摆臂，同时臀部稍提使脚与臂碰触，双手经颌下向前伸展，屈膝做好蹬壁准备。

## （三）蹬壁

两脚掌距离水面约40厘米，向前伸展手臂，两臂紧紧夹头，两脚用力蹬壁离开。

## （四）滑行及一次潜泳

动作方法：

（1）蹬壁后身体呈流线型姿势自然向前滑。

（2）恢复正常速度时，双手做一次长划臂，最后收至大腿两侧稍停。

（3）速度下降时，收腿，两手向胸腹部前贴近并向前伸。

（4）头夹在两臂间，蹬腿、滑行，第二次划水即将开始时，抬头露出水面。

# 六、水下长划臂技术

游泳比赛中，蛙泳选手在出发和转身后可以做一次长划臂练习，但要在水下完成。这是游泳竞赛规则所允许的。完成一次长划臂后，在手臂划到最宽距离前要使头部露出水面。蛙泳选手熟练掌握水下长划臂技术有利于获得更好的推进力，提升前进速度。

蛙泳中的长划臂动作和蝶泳中比较夸张的划臂动作较为相似。完整的长划臂动作除了包括一般手臂动作的几个部分外，还包含两次滑行动作，第一次滑行在开始划臂前，第二次滑行在完成划臂动作后，结束第二次滑行后，两腿蹬水使身体上升到水面。在长划臂过程中，产生推进力的动作阶段是内划和上划。

下面具体分析完整水下长划臂技术的动作环节与方法。

## （一）第一次滑行

在出发或转身后，身体以流线型姿势向前滑行，直到速度下降到接近正常比赛速度。滑行时两臂伸直并拢，双手手掌并在一起，以更好地保持流线型的身体滑行姿势。头夹在手臂间，防止弓腰、塌腰，两腿伸直并拢，绷直脚尖。由于选手要在一定深度的水下完成大划臂动作，所以蹬边时身体稍向下倾斜一些。

## （二）外划和抓水

流线型滑行速度下降到与比赛游速接近时，两臂开始划水，顺序依次为向外划、向前划和向上划，注意外划过程中要防止手掌向两边推水。划水至两手距离稍宽于肩时，渐渐屈臂，手掌快速转至向后对水，从而为抓水做好准备。

手臂刚开始外划时掌心是向下的，手臂划到稍宽于肩时，转腕使掌心向外。手掌在准备抓水时是朝外后方的。在划水阶段手臂加快速度，抓水阶段减慢速度。

## （三）内划

完成抓水动作后，再次划臂，顺序为向外划、向后划、向下划和向内划，内划时两手与肋骨贴近。从外划进入内划时，两臂要先屈肘。整个内划过程中手臂划水速度是逐渐增加的。

## （四）上划

两臂划到身下，当双手位置最为接近时，开始从内划向上划转变。结束内划后，手心朝外依次向后划、向外划、向上划和推水，划至大腿两侧时充分伸展。在上划动作环节，前臂下端和手掌要向后准确对水。如果前臂下端无法准确对水，两臂快速向上伸，两手向后推水到大腿两侧时结束。此时手臂大腿紧贴，掌心朝外。

在水下划臂技术中，最能够产生推进力的环节就是上划阶段，因此这个阶段手臂速度最快。从内划向上划转化时，划手速度下降，进入上划阶段后，立即加速直至完成上划动作。

## （五）第二次滑行

上划结束后，手向内转，使掌心与大腿相对，从而保持身体滑行的流线型姿势。双脚并拢且充分伸展，绷直脚尖，头与身体在一条水平直线上，防止弓背、塌腰。

第二次滑行时会减慢速度，因此不宜较长时间保持流线型姿势。如果第二次滑行中缺少足够的动力支持，手臂迅速前伸，做蹬腿动作，使身体浮到水面。

### （六）伸臂、蹬腿、出水

第二次滑行开始，手臂在身体下向前伸展，做一次蹬腿动作，使身体上升到水面。在伸展手臂时先适当屈臂，使上臂和肘部与体侧贴紧，手心朝上，大拇指领先，掌心向上，这样可以避免产生太多的推压阻力。

手臂前伸的同时收腿，为减少推压阻力，要轻柔地完成收腿动作。开始收腿时要防止屈髋，屈髋的恰当时机是脚开始外翻抓水时，屈髋的同时收大腿，膝盖间距要比身体轮廓小。

伸臂和蹬腿后，身体慢慢浮出水面。蹬腿会产生一定的推进力，使上体慢慢上浮，当这个力消失后，并拢双脚，向外划水，开始外划时头在水下，当头部即将露出水面时手臂抓水为身体前进提供推进力，如此可以提高效率。

# 第三节　蛙泳技术针对性训练与提高

## 一、手臂动作训练与提高

### （一）单臂练习

单臂游蛙泳，非游泳臂充分向前伸展。在单臂练习中，练习者会在划臂动作上高度集中注意力。一般主要用弱侧手臂进行练习，提升弱侧手臂的力量，之后从单臂练习向两臂练习过渡。

## （二）外慢内快练习

在划水练习中，外划时放慢速度，当手臂向后对准水时，立即加快速度内划。这个练习对促进抓水效果的提升及进一步熟练内划动作环节具有重要意义。

## （三）握拳划手练习

这是使练习者对臂部划水的效果予以体会的重要练习方式。握拳练习划水技术或配合动作时，根据练习者的实际情况和练习需要来确定重复次数和练习距离。在练习过程中，弱侧手张开，另一侧手握紧成拳状，重点提升弱侧手的划水技术水平。

# 二、腿部动作训练与提高

蛙泳腿部动作训练方法有很多，下面主要分析五种具有很强实效性的练习方法。

## （一）背手蹬腿练习

在蛙泳腿部动作中，运动员容易出现提前屈髋收大腿的错误，为了避免出现该错误或进行纠正，可采取背手蹬腿练习的方法。练习时，双手在体后伸展，分别置于身体两侧且与水面接近，然后收腿，要求用脚触碰双手。运动员在练习过程中，教练员在一旁提醒屈髋收大腿的动作应出现在脚外翻抓水后，不要提前去收髋，收腿时注意髋部下沉，头抬起吸气。然后低头、蹬夹水，身体呈流线型向前滑行。

## （二）计次蹬腿练习

规定游泳距离，以最少的蹬腿次数游完规定距离。徒手练习和扶板练习均可，体会蹬腿所产生的推进力，充分利用这些推进力使身体呈流线型姿势滑行。注意滑行过程中向上抬腿直至与身体保持一条水平直线。

## （三）反蛙泳腿练习

练习者仰卧在水中进行蛙泳蹬腿练习，练习时两臂在头部前方充分伸展，手心朝上。该练习可以纠正练习者收腿时过早收打腿的错误动作。在仰卧姿势下收腿，如果收大腿则会使膝部外露在水面，练习者容易发现这一问题，及时纠正。

## （四）海豚腿练习

练习者可以徒手或扶板进行海豚腿练习，相对而言，徒手练习效果更好一些，因为不借助外物进行练习，身体可以更自然地摆动，打腿时髋部有向前上方波动的动作，要注意重点体会这一点，打腿时身体适度上下起伏。

## （五）收腿练习

俯卧在水中，两臂并拢、向前伸展。收腿时向前耸肩，对身体前行的速度进行体会，向后蹬腿时头低下，保持流线型滑行姿势。收腿时要在恰当的时候屈膝、屈髋，而且屈曲幅度要适宜，滑行时向上抬腿，使流线型姿势更好地得以保持。

刚开始进行蹬腿练习时滑行时间可稍长一些，重点放在蹬腿时如何不破坏流线型的身体姿势。熟练后，滑行时间缩短一些，按比赛距离和节奏来进行模拟练习。

## 三、配合动作训练与提高

### （一）听口令模仿练习

#### 1.练习一

在陆地环境两脚并立，两臂向上高举、并拢，一腿支撑重心，另一腿屈膝提起，听教练员发出的口令模仿外划、内划、伸臂、蹬腿等动作。

#### 2.练习二

在陆地环境两脚左右平行而立，两臂向上高举、并拢，听教练员发出的口令完成外划、内划、下蹲（收腿）、站起（蹬腿）的练习。

### （二）臂、腿连贯配合

蹬壁滑行后不要抬头，头在水中闭气，划臂、打腿连贯配合向前游进，重点对臂、腿动作的准确配合时机予以体会。

### （三）多次蹬腿、一次划臂配合

蹬壁滑行后不要抬头，头在水中闭气，两臂向前伸展、紧紧并拢，连续蹬腿2次，臂划水1次。

### （四）完整配合练习

熟练有固定支撑物和没有固定支撑物的练习后，将完整的蛙泳配合技术及配合节奏掌握好后，才适宜进行完整配合练习。练习时注意动作的先后顺序，练习距离逐渐加长。为便于练习，可熟记练习要领口诀，即"划水腿不动，收手再收腿，先伸臂后蹬腿，臂腿伸直漂一会儿"。

## 四、出发技术训练与提高

### (一) 陆上练习

两脚左右平行而立，模仿预备出发动作，身体在两臂的带动下起跳，在空中时充分伸展并保持适度紧张。

### (二) 水中练习

#### 1.练习一

站在池边，手臂向上举过头顶，将头部夹紧，上体向前倾斜，膝部弯曲，身体前倒跳入水中。

#### 2.练习二

站在出发台上不断重复完整的出发技术动作，提高出发动作的准确性和出发效率。

## 五、转身技术练习与提高

### (一) 陆上练习

#### 1.练习一

与墙面相向而立，双手扶在墙上，模仿蛙泳转身动作。

## 2.练习二

与墙面相向而立，与墙相距1米左右，慢慢靠近墙，双手扶墙，然后模仿蛙泳转身练习。

## （二）水中练习

### 1.练习一

选择在池边与水面高度相同的水环境中进行转身练习，双手触碰池沿，双手用力使身体靠近池壁，然后转身。

### 2.练习二

与池壁间隔一定距离，游近池壁进行蛙泳转身练习。

# 六、水下长划臂训练与提高

要提升水下长划臂的速度，需进行专门的训练，下面主要分析三种训练方法。

## （一）最长距离长划臂练习

该练习是通过水下长划臂使身体的滑行距离达到最远。多次重复该练习有助于通过水下划水而产生更大的推进力，并使身体的流线型滑行姿势得到改善。

## （二）最快速度长划臂练习

在该练习中，要采用计时方法，转身和长划臂的动作速度都要加快。双手触壁时，计时开始，然后完成转身、水下长划臂动作，要根据出水点来确定水下长划臂所要到达的点。练习过程中，要做到用最短时间通过水下大划臂而产生最大的推进力，要提高滑行效率，以免过早减速。

## （三）两次水下长划臂练习

转身后在水下做两次完整的长划臂动作后再上升到水面。这样可以重点加强长划臂能力的训练，提升长划臂能力和耐力，以防在蛙泳比赛中过早出现疲劳症状。

# 第八章
# 自由泳运动系统性训练与提高

　　自由泳是四大游泳项目之一，在当今的游泳比赛中占有绝对重要的比重。同时，自由泳也是几种泳姿中速度最快的一种，因此深受重视，一个国家在自由泳方面的成绩基本能代表这个国家整体的游泳水平。尽管自由泳与其他泳姿在基本技术方面有很多的相似之处，但是毕竟不同的泳姿有不同的技术特点，比如在划水技术和呼吸技术等方面自由泳具有较强独特性。本章将从系统训练的角度对自由泳的技术动作进行详细地分解，它包括自由泳运动的概述、自由泳技术动作及方法、自由泳技术针对性训练与提高三个方面展开，对自由泳技术的科学训练进行了详尽、科学的讲解，力求做到深入浅出，从理论结合实践的角度对自由泳的系统训练着手，希望可以帮助人们提高自由泳技术、享受自由泳这项运动。

## 第一节　自由泳运动概述

　　自由泳也被称为爬泳，是4种泳姿中速度最快的，一个动作周期包括左划手、右划手和多次的打腿动作。阻力小、最省力是自由泳的特点。

## 一、自由泳的起源与演变

据记载，自由泳最早是由一位英国的运动员创造了两臂交替划水的游水动作，后来又加进腿部上下打水的动作，自此，全身的动作结构发展完全，自由泳便诞生了。

在20世纪30年代，早期的自由泳开始在各国盛行。1956年，一名澳大利亚运动员采用四次打腿技术打破了1 500米自由泳世界纪录。同年，一名美国运动员采用相同的技术在墨尔本奥运会上再次突破自由泳世界纪录，由此，这种技术引起了世界泳坛的关注。

自由泳在世界得到广泛推广之后，关于它的研究与实践越来越多并且很快迎来了快速发展期。经过大量的实践发现，推动身体前进的动力主要来自手臂的划水，打腿动作虽然能量消耗大而提供的推力却较为有限。因此，现代自由泳技术更加注重训练手臂的划水动作以及两臂的配合。

随着竞技体育的飞速发展，游泳运动也在不间断地探索更快的速度、更强的技术，不断刷新着世界纪录。因此，四次打腿技术很快被两次打腿技术所替代。1964年的东京奥运会上，一位澳大利亚运动员使用两次打腿技术获得了冠军，并且打破世界纪录。4年后的墨西哥奥运会上，再次有运动员使用两次打腿技术获得奖牌。随后，两次打腿技术被大量地采用，并且有大批的运动员为此获得更好的成绩。直至今日，该技术仍在世界范围内被广泛地使用。自由泳由于速度较快，在游泳项目中占据着重要的地位，例如，当今的奥运会游泳比赛项目主要有31项，而自由泳项目男子共7项，女子6项，共有13项之多。它们分别是男子50米、100米、200米、400米、1500米、4×100米接力、4×200米接力7项；女子50米、100米、200米、400米、800米、4×100米接力6项。其实在某种程度上，自由泳的水平就是一个国家游泳水平的标志。

## 二、自由泳的特点

### （一）自由泳的技术特点

#### 1.手部技术

（1）入水时手要与同侧肩膀的沿线上，如果过于远离肩外侧，侧划水的推动力将大打折扣。同时，手指伸直并拢使手掌轻微地内扣，形成合适的入水角度。

（2）手臂入水后立刻提肘，手掌迅速向后下方划动并抓水，并进行划水动作。

（3）手臂划水时，要保持动作的连贯性和节奏性，以及与呼吸、腿部打水保持一个良好的节奏。

（4）手臂出水时，在小臂略垂直于水面的位置为佳，因为这样产生的阻力最小。

#### 2.腿部技术

（1）采用不同的打腿次数，快速向前游动。

（2）两腿打水时主要靠大腿发力，胯部不要过分摆动，并保持身体的平衡。

#### 3.呼吸

要掌握好两面呼吸的技术。很多人一面呼吸总是不如另一面呼吸协调，会影响身体的前进。

### （二）自由泳的运动特点

（1）身体保持俯卧的状态，低头入水，头和肩膀略高于水面。胯部是整个身体的中心，主要起到保持身体平衡的作用，在身体游动时整个身体绕着躯干进行小幅度的左右滚动。

（2）两只手臂进行交替的划水动作，推进身体向前方游动。

（3）因为自由泳主要靠手臂划水推进，因此，手臂的动作非常关键，细微的偏差就会带来速度的显著区别。一般来说，手划水的路线类似"S"形，自由泳的主要技术都集中在手臂上，手臂与呼吸的配合程度是决定运动速度的关键。

（4）当手臂用力进行划水动作时，可以利用水流在头部两侧进行波谷吸气。

# 第二节　自由泳技术动作及方法

## 一、身体姿势

与蝶泳、蛙泳不同的是，自由泳的身体姿势基本上与水面成平行状态，身体俯卧于水面之上，自然伸展，一般与水平面的夹角成3°～5°，整个身体呈现良好的流线型。身体姿势的特点体现在以下几个方面。

### 1.头部

自由泳动作中头部的姿势常常会被忽略，头部动作不协调一方面会影响呼吸；其次，头部的高度会影响身体与水面的夹角增大从而带来更大的阻力；再次，如果头部摆动不协调继而影响手臂的划水动作，也会影响整体速度。头部的姿势虽然只有些微的差距，但是差之毫厘，失之千里，因此要引起足够的重视。

正确的头部动作是自然地向颈后弯曲头部，出水面的头部是整个头部的1/3，水平面在发际上下。转头吸气时保持头部的左右转动，注意一定不能抬头，以下嘴角刚刚露出水面为宜。

## 2.身体

身体在游动的同时，一直都要保持流线型，影响身体流线型的关键因素就是头和肩的摆动，一旦肩部摆动过大身体上倾，就使下半身下沉，游动的阻力加大。腹部和胸部要保持平缓，背部肌肉收紧，可以有助于控制身体的流线型。在游泳过程中，以身体的中线为轴保持稳定节奏的转动。两边要保持平衡，转动幅度通常保持35°～45°的范围，加速时则适当地减小幅度。双腿打水时以大腿带动整条腿，不要与水面形成太大的角度。

转动身体可以带来以下几个积极的影响。

（1）转动时手臂的出水和空中移臂都得到更大的空间，有利于移臂转动缩短半径。

（2）有利于手臂在水中的抱水和划水，使手臂划水的最有力部分与身体中心的垂直投影面更接近。

（3）由于臂部会有轻度的转动，部分侧向打水动作在腿打水时产生，这有利于抵消移臂造成的身体侧向偏离的影响，保持身体的平衡。

（4）为呼吸提供便利。

优秀的自由泳运动员往往具备以下几个特征。

（1）移臂技术流畅连贯，且手臂始终保持放松。

（2）呼吸轻松，可以出色地控制头部动作，进而使整个身体都能够保持协调自如。

（3）肩部、髋部、躯干的转动恰到好处。

（4）手臂划水技术水平高。

# 二、腿部动作

自由泳腿部的打水可以起到两个目的：一是保护身体平衡，特别是在手臂交替划水的时候躯干会有轻微的摆动，此时腿部的稳定打水可以很好地令身体保持平衡；二是推进身体前进的辅助动力。腿部打水时，稍稍向内旋转脚部，大腿用力带动小腿和脚部，踝关节保持放松，膝关节成大约160°弯曲。整个腿部打水时呈现一个类似"鞭状"的形态，腿在水中进行上下打水时，所分配的力度并不相同，当向下打水时需要用较大的力量，而向上打水时要自然放松，尽量借助水的浮力顺势向上，而不是向上用力打水，踝关节自然放松，从而使前进的阻力减小，此时可以有效带动身体前行（图8-1）。

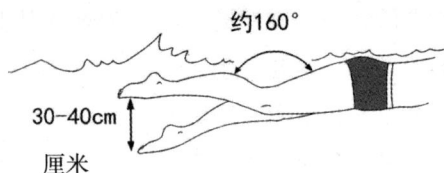

约160°

30-40cm

厘米

图8-1　腿部动作

注意脚部要稍稍向内转，保持踝关节处于伸直的状态。另外，两腿在打水时要注意调节动作的连贯性和节奏性，整个打水的过程中两只脚从上到下的距离大约保持在35厘米，幅度不要过大或者过小。

# 三、手臂动作

自由泳的快速前进主要来自臂部划水产生的推动力，两只手臂的用力技巧非常重要，其基本动作是一样的。

一般而言，自由泳的手臂动作分为五个部分，分别是入水、抱水、划水、出水和移臂，从入水到移臂要做到一气呵成、流畅稳定，并且与髋部、躯干和腿部保持协调呼应。

## （一）入水

在自由泳运动中，手臂的交替划水，入水是关键。当完成空中移臂以后，上手臂来到肩膀的前方并自然地插入水中，此时手掌并拢，手掌要向外，与水面大约成30°～40°，使拇指斜向插入水中以减小入水阻力。待手臂入水时略弯曲肘关节，使之高于手臂，动作要做到自然放松。手入水时位于肩的延长线上或者位于身体的中线和肩的延长线之间，入水点的位置可以根据距离来确定，在入水时要确保肘关节处于较高位置，谨记入水顺序为：手→前臂→肘→上臂（图8-2）。

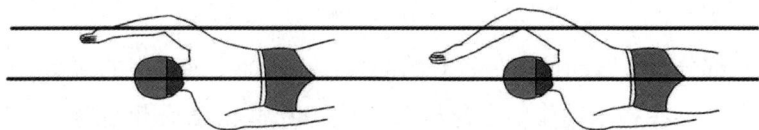

图8-2 入水动作

## （二）抱水

手臂入水后要迅速开始抱水动作。自然伸直手腕同时向下转动掌心，向前下方插入直到找到自身最合适的抱水动作的位置，然后快速、积极地外旋前臂和上臂直至手臂几乎完全伸直，在与水平面成15°～20°时，弯曲肘部同时向下弯曲手腕，使肘部高于手的位置，同时还要向前下方伸展肩膀以拉开肩膀的肌肉群，足以以更有利的方式向后方划水。当上臂划至与水平面大约成30°时，手和前臂已经与垂直水平面相接近了，肘关节弯曲至150°左右，手和前臂以较大的横截面积与划水面对准，整个手臂就像抱着一个大圆球，做好划水的准备（图8-3）。

图8-3 抱水动作

抱水动作其实就是为划水做的准备，该动作看上去就好像用手臂抱着一个大圆球，过程中肘部要处于高位，防止下沉。抱水时手臂动作可以解析为向后、向下、向外三部分，但是整个过程是以比较放松和缓慢的方式进行的。

## （三）划水

划水部分是手臂动作中最核心的部分，也是产生前进力的主要部分，因此非常重要。在抱水动作中手臂与水平面呈40°角，然后开始划水。肘部弯曲约为150°，划水时前臂发力且动作速度比后臂快一些。

### 1.拉水

从抱水结束到划至与水面垂直之前称为拉水。拉水时肘部要处于高位，手掌连续做向内、向上、向后的运动。拉水动作结束时手处于体下与中线接近，弯曲肘关节成90°～120°，小臂由外旋向内旋转化，掌心由向内后方到外后方转化（图8-4）。

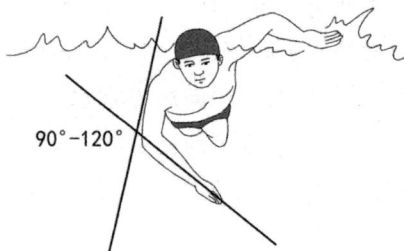

图8-4 拉水动作

### 2.推水

手臂与水面过垂直面之后的动作称为推水。在推水过程中，通过屈臂到伸臂完成向后推水的动作，手分别是向外、向上以及向后的运动。注意始终要保持肘关节向上，且始终保持手掌垂直于水平面，这样推水时才能获得最大的推力，身体向前推进距离最大。

无论是在推水还是划水的过程中，手腕应该根据手臂的移动而随时改变角度，以使身体获得更大的向前的推力。例如，刚开始划水中手掌与小臂基本呈一条直线；在划水时手的移动路线是由肩膀前方经过肩膀下方，然后到腹部下方和大腿外侧，呈现类似"S"形的路线，因此手腕也需要与时俱变才能获得最有利的情况。

## （四）出水

划水动作结束后即刻准备出水。此时，肘关节在大臂的带动下做向外上方的"提拉"动作，小臂和手依次向上被提出水面。小臂的出水动作要稍慢于大臂，但是整体的出水过程要快，不可拖泥带水，特别是前臂和手腕要保持放松状态。

## （五）空中移臂

空中移臂是手臂出水的延续动作，不要停顿。移臂时肘部上提，手腕放松。快速向前摆动手臂使之过肩时，手臂应与肘部在同一条直线上，然后逐渐向前伸出手和前臂，并且开始向前下方转动掌心，接着为入水动作做好准备。注意肘部在整个过程中一定要比肩部高（图8-5）。

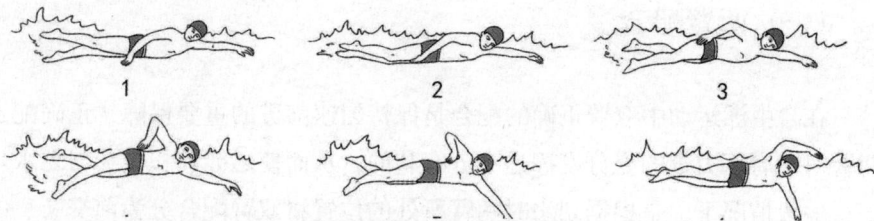

图8-5  空中移臂动作

自由泳运动中主要的动力来自两只手臂不停地配合，通过做大力划水的动作获得向前的动力。空中移臂动作的正确与否可以影响到肩部的力量发挥、划水的质量以及躯干的平衡。两只手臂的配合分为后交叉、前交叉和中交叉几种。当一个手臂在水中完成移臂动作时，要使另一个手臂处于胸和肩的下方；如果另一个手臂推水到腹部下方并且与水平面成150°则称为后交叉。目前自由泳练习中较多地采用中交叉和后交叉的方式。

# 四、配合技术

自由泳的配合技术只要以双腿打水次数划分，通常分为以下三种。

（1）双腿打水六次，两只手臂各划水三次，呼吸一次。

（2）双腿打水四次，两只手臂各划水一次，呼吸一次。

（3）双腿打水两次，两只手臂各划水一次，呼吸一次。

这三种配合方法各有优势。六次打水是最为普遍的一种配合技术，如果是长距离的自由泳大部分会采用两次打水技术，而且，两次打水技术也是女子项目中最常采用的方式。六次打水技术的优势是能使身体保持更好的平衡性和协调性。四次打水技术则相对减轻腿的负担，可以加快手臂划水频率。两次打水技术是最大限度地减少腿部的负担，加快手臂划水的频率，专注于将臂部动作的作用发挥出来。但是，无论哪种技术，腿部与手臂的配合是关键，动作一定要相互协调，才能发挥最大效率。

## （一）两臂配合

在自由泳运动中双臂正确的配合是保持匀速前进的重要保障，正确配合两臂对于肩部力量的充分发挥是十分有利的，从而使之能够积极参与划水。

一般情况下，是根据划水时两臂所处的位置将双臂配合分为前交叉、中交叉和后交叉三种形式。

### 1.前交叉

一臂入水，另一臂在肩前方，大约与水平面呈30°。

## 2.中交叉

一臂入水，另一臂在肩下方，大约与水平面呈90°。

## 3.后交叉

一臂入水，另一臂在腹下至划水快结束的部位，大约与水面呈150°。

无论是前交叉、中交叉还是后交叉，每一种方式都有各自的优势和特点。比如，前交叉方式有较长的滑行距离，缺点是速度不均匀，动作频率相对也较慢，但正因此它非常适合初学者，由于动作频率相对缓慢方便初学者能够更好地掌握动作的技术，尤其是能够更好地掌握呼吸动作。相对而言，中交叉和后交叉对于两臂力量及划水的速度都有较高要求。对于已经熟练掌握自由泳基本技术动作的运动员而言，可以根据自身的特点选择使用中交叉或者后交叉，可以有效地提高动作频率，从而提高前进速度，且有利于始终保持速度均匀。

## （二）划水与呼吸配合

自由泳运动中的呼吸是相对较难掌握的，不仅仅是因为自由泳的呼吸技术本身就较为复杂，另外，还因为划水力量、速度和耐力的发挥会直接受制于呼吸技术。一般来讲两臂各划一次做一次呼吸。对于初学者一下子掌握呼吸与臂的配合并不是一件容易的事情，因此可以选择适当地多划几次臂然后吸一次气，当然这对初学者的肺活量有一定的要求。

其正确的配合动作应该为头向一侧转动，当下面的嘴角高于水面时快速吸气，即头在比水面低的波谷中吸气。同时，同侧手臂应当正处在出水向移臂转化的阶段。移臂时头转回原来的位置。当同侧手臂入水时开始缓慢地呼气。

## （三）完整的配合

一般来说，自由泳会采用转头吸气的方法进行吸气。

这里以向左吸气为例，配合动作顺序应该是这样的：左手入水后慢慢呼气；左臂划水到达肩下位置时，头开始向左侧转动并增大呼气量；将要结束左臂推水动作时，用力将体内气全部呼出直到嘴露出水面；左臂出水时快速吸气，移臂到与肩同高时结束吸气；头部随着手臂的移动而转回原来的位置。对于初学者，可以双臂各做一次划水后进行一次吸气，吸气技术熟练掌握之后再改为两次划水一次呼吸。

# 第三节　自由泳技术针对性训练与提高

## 一、自由泳腿部基本动作训练

### （一）体会打水的腿部姿势

训练目的：体会打水时腿部的发力位置、腿的摆动幅度，以及体会2次打水、4次打水、6次打水分别是怎样的频率，感受膝部的弯曲角度和打水力度等。

训练方法：手持漂板俯卧水中，身体自然伸展，双腿伸直，双脚稍微内扣，然后双腿做上下打水运动，上下幅度保持在30厘米左右，两腿并拢，交替进行打水练习。注意一定要绷直脚背，在向上方打水时不要用力，应缓慢感受水的浮力顺势摆腿，逐渐加快打水的速度。在进行加速时膝盖略微弯曲，踝关节始终要保持放松，打水频率由低向高逐渐过渡。

### （二）六次腿滚动

训练目的：使臀部、肩部在转动的同时保持持续的侧向打腿。

训练方法：一臂前伸，一臂位于体侧，保持身体侧向，并完成6次打腿后，原来前伸的手臂做划手动作，体侧一臂做移臂练习，然后身体做滚动动作再完成6次打腿动作。运动员应在身体侧向时准确地完成打腿动作，脸向下，在身体向一侧滚动时进行呼吸动作。

## （三）水下流线型打腿

训练目的：最大限度地练习腿和身体控制的能力。

训练方法：专注练习打水，保持身体的流线型，体会腿部打水时的"鞭"型。

## （四）打水配合初步划水

训练目的：练习打水和划水的协调性。

训练方法：一手臂向前伸直扶板，另一手臂连续做划水技术练习。并配合腿部的打水练习，尝试在抱水和内划阶段打2次腿，推水阶段打1次腿，移臂阶段打3次腿。注意力应放在入水、划水、加速推水和空中移臂的时间点的控制上。

## （五）十八次打水

训练目的：提高身体的控制能力。

训练方法：首先两臂保持自然前伸，以流线型姿势做12次打腿动作后，做一侧臂的划水动作，然后再完成6次打腿，然后换另一侧重复练习。

# 二、自由泳划臂技术训练

## （一）抱水/身体滚动

训练目的：提高动作划幅、划水路线，掌握身体滚动技术。

训练方法：一臂前伸另一臂划水，身体侧向滚动；注意力放在划幅、划水路线、加速划水和身体滚动等动作上。

## （二）单臂划水

训练目的：提高划水效果。

训练方法：一臂位于体侧，一臂做自由泳划水。注意力放在划水路线、抱水、加速推水和高肘移臂方面。

## （三）双臂划水

训练目的：对两个手臂的协调性进行配合练习，体会全身伸展的感觉。

训练方法：左臂前伸，身体呈流线型，右手手臂放在身体外侧，双腿做打水动作。眼睛保持向下，同时缓慢呼气，右肩膀露出水面。两臂轮流练习划水，注意要在同一个时间一侧手臂划水另一侧手臂在空中移臂，直到另一侧手臂伸展成为流线型为一个动作周期。在练习呼吸时，一般是先练习一侧的吸气技术，待熟悉后再练习另一侧的吸气。

## （四）侧身划臂

训练目的：体会水下划水技术、提高加速推水技术。

训练方法：运动员一臂前伸一臂保持在体侧，身体在水中保持前伸一臂的方向侧向，前伸臂做完整的划水练习，之后从水下前伸至起始位置，可间隔两次打腿练习再重复练习。需要换气时可以在推水时进行吸气。

## （五）单臂划水—滚动

训练目的：寻找呼吸时机、保持稳定的头部位置，练习身体转动动作。

训练方法：做单臂的划水练习，另一手臂保持在身体单一侧即可。在划水臂入水时身体转动并练习做转头吸气动作。

## （六）单臂连续划水

训练目的：分解自由泳的技术动作，加强打水技术以及对身体的控制技术。

训练方法：进行侧卧式的打水练习，开始时一侧手臂向前方伸展成为流线型，另一侧手臂放在身体一侧。做划水练习时要注意稳定头部位置，转动肩膀要有力，同时保持身体平衡。在划水手臂一侧练习吸气，同时转动另一侧肩膀使其露出水面，两手臂交替练习。

## （七）双臂连续划水

训练目的：练习两个手臂交替的划水动作，要注意肩膀的转动和整体身体动作的协调性、平衡性。

训练方法：一只手臂向前方伸展成流线型，另一手臂放在身体一侧。反复练习双臂的入水、划水、移臂等动作，主要培养与训练动作的流畅性和节奏感，使两侧手臂能够平衡地用力和划水，身体始终保持稳定的节奏摆动，反复练习该动作。

## （八）数字训练

训练目的：发展身体的协调性、保持注意力的集中。

训练方法：这是将许多不同的组合放在一臂的划水练习中，不同的打腿和划臂练习组合在一起进行练习。

（1）3+2：3次右臂划水+2次配合；3次左臂划水+2次配合。

（2）3/6/3：3次右臂划水+6次配合+3次左臂划水。

（3）递加+递减练习：1次右、1次左；2次右、2次左；3次右、3次左；2次右、2次左；1次右、1次左。

## （九）水下自由泳

训练目的：体会手入水时不带气泡的感觉。

训练方法：水下完整的自由泳练习，注意力应放在划臂、移臂、吸气点等几个方面，双腿保持稳定地打水并匀速向前移动。

## （十）三点接触

训练目的：提高身体控制能力，保持合理的身体位置。

训练方法：一臂前伸时一臂划水，当划水臂结束划水时，用手碰触臀部，然后移臂碰触前伸臂的肘部；然后由前向后空中移臂至腿部，并再次碰触腿部；之后，做向前移臂入水动作，并滚动身体。重复练习。

## （十一）"鲨鱼鳍"移臂

训练目的：提高和完善高肘移臂技术。

训练方法：每次移臂至肩部位置时，使肘部保持住稳定状态，像鲨鱼的鳍一样，保持2～3秒左右，然后做入水动作；腿部做稳定的连续打水动作。重复练习。

## （十二）"鸡爪"移臂

训练目的：提高和完善高肘移臂技术。

训练方法：一臂前伸另一臂做移臂划水动作。移臂时手掌紧贴身体前移。

## （十三）手指拖拽

训练目的：提高和完善低手移臂技术。

训练方法：在进行移臂时保持用手指轻轻接触水面，使手掌处于较低的位置。

## （十四）两次入水

训练目的：加强入水技术。

训练方法：每次即将入水时有意识地抬高肘关节，然后再入水，将注意力集中在"手—手腕—肘关节"的顺序入水。

## （十五）慢动作移臂

训练目的：提高身体控制力，提高和完善高肘移臂技术。

训练方法：保持长划水路线，做慢速移臂练习。移臂时保持高肘，手入水时，身体向另一侧轻松转动。

## （十六）拉链式移臂

训练目的：更快学会移臂，在进行自由泳时拥有较好的姿势技巧可以更快取得成功。要注意这个练习不适宜于那些肩部有问题的人。

训练方法：戴上脚蹼，首先要练习侧浮打水技巧，一个手臂向前方伸直，用手扶着较小的打水板，身体在水中侧浮并进行打水动作。一个手臂放在身体一侧，同时要用手臂紧贴大腿。这个时候要想象着用食指和拇指握住一条链子，并且沿着身体向下方拉，直到拉到腋下。保持拇指的指甲与身体相贴，并且指向身体的中心部分，掌心向上，保持手腕放松，同时肘关节处于向上姿势。手指向上拉，直到拉到腋下以后，这时沿着拉过去时的路线，再回到开始拉的位置。根据这个动作要领进行反复练习。两个手臂都要进行练习。

## （十七）三次划臂、滑行

训练目的：

（1）提高爆发力。

（2）加强身体滚动动作。

（3）提高划水技术。

（4）保持整体的流程与协调性。

训练方法：一臂保持前伸，另一臂做3次爆发式划水动作，同时用力打腿并保持身体平衡，在第3次水时身体呈"一侧滑行"的姿势，尽可能使身体保持滑行至最远，划水臂位于体侧并保持与水面平行。

## （十八）抬头的自由泳

训练目的：发展力量、提高划水效果。

训练方法：抬头的标准是下巴保持在水面上，眼睛直视前方，连续进行打腿动作。保持"手—手腕—肘关节"的依次入水动作，练习深抱水和长划水的动作。

## （十九）摸对侧臀部

训练目的：提高划臂结束技术

训练方法：每次划水时用手碰触对侧臀部。这个练习可以和"6次腿滚动""鲨鱼鳍"练习一起进行。

## 三、配合训练

## （一）单腿打水练习

训练目的：强化一条腿的连续、快速打水动作。

训练方法：以自由泳的划水和打腿练习为主，但只用一条腿做打腿动作，另一腿保持自然伸展，放松，呈流线型。

## （二）握拳划臂

训练目的：体会划水的感觉。

训练方法：尝试握拳游自由泳，在划水时张开手掌体会划水的感觉。

## （三）手指划水

训练目的：体会手指划水的感觉。

训练方法：每次划水时体会手指划水练习，特别是体会手指划水的感觉。

## （四）最大划幅

训练目的：提高划水效率。

训练方法：用心体会每次划水时能够达到的最大划幅，记录自己游一趟用的最少划水次数，然后用同样的划水次数争取能游出更长的距离。

## （五）牵引拉力

训练目的：提高划水力量。

训练方法：采用医用橡胶管、尼龙绳等辅助工具进行，让运动员带着阻力游50米，提高划水的力量。

## （六）托拽

训练目的：提高划水力量和划水效率。

训练方法：类似牵引拉力的练习，给运动员指导划水的阻力，比如，增加一个水桶等重物阻力物，进行自由泳800～1 500米的练习。不过练习中要注意运动员的安全，防止受伤。

## （七）呼吸训练

训练目的：提高氧利用能力、耐乳酸能力。

训练方法：每划水2、3、4、5、6、7次时进行1次呼吸，依次进行。或者游一趟标准泳道只采用单侧呼吸，返回时采用另一侧进行呼吸。

## （八）呼吸管训练

训练目的：提高身体平衡能力、提高二氧化碳耐受力、氧利用能力。

训练方法：让运动员带着呼吸管和鼻夹做短冲25米或50米的练习。

# 第九章
## 游泳运动系统性训练的科学监督体系

    游泳运动员为了提高竞技水平，要长期进行大强度训练，训练强度的增加使游泳运动员对营养的需求不断增加，科学补充营养至关重要。而且在长期的大负荷训练中，运动员可能陷入疲劳，也会因为一些原因而发生运动伤病，从而影响训练计划的顺利进行，影响最终的训练效果。对此，在游泳运动长期而系统的训练中，必须加强对运动员的医务监督，同时游泳运动员也要在训练中做好自我监督，加强自我保护，稳步提升自己的竞技能力。本章重点从营养补充、运动康复保健、自我监督三个方面来探讨游泳运动系统性训练的科学监督，构建与完善游泳训练的监督体系，为提升游泳运动员的训练水平和竞技能力而提供科学保障。

## 第一节　构建科学的运动营养体系

### 一、游泳项目的能量需求特征

    游泳项目的运动环境较为特殊，游泳运动训练基本都是在水中完成的，水的密度非常大，阻力也远远高于空气，因此运动员在水中训练要克服很大的阻力，消耗很多的能量，再加上水的导热性远比空气大，所以游泳运动员在训练过程中很快就会消耗大量的身体热量。特殊的训练环境使得游泳运动员在训练和比赛中比其他项目的运动员更容易消耗能量且消耗的能量更多。为了达到热能的供需平衡，运动员每日摄入的能量也较多，短距离项目每日平均摄入4 200千卡，长距离项目较多一些，每日平均4 700千卡，如果训练量大，每日热能可增加到5 000千克以上。游泳运动员补充的热量基本来自一日三餐，早餐和午餐的热能各占30%，午餐占40%，在大强度训练阶段，每日还需要加餐，加餐热能占一天总热能的5%～10%。

游泳运动员必须保证每日补充充足的能量，如果长期能量补充不足，满足不了机体所需，就会造成慢性肌肉疲劳，影响训练和比赛。此外，不同游泳运动员的供能特征也有一定的差异，这与运动员的性别、年龄、从事项目、训练处方等有关，鉴于客观存在的差异，应有针对性地为游泳运动员提供科学膳食方案。

## 二、游泳运动员对营养的需求

### （一）蛋白质

人体细胞、器官、组织的构成都离不开蛋白质，这是基本构成因素。尽管蛋白质只能为运动员提供较少的能量，但其在运动员肌肉生长和伤病恢复阶段所起到的作用是其他营养素不可替代的。人体肌肉的合成代谢反应随着蛋白质的摄入和运动的刺激而不断增强，促进肌肉合成代谢的必需氨基酸（EAA）主要由蛋白质来提供。

蛋白质是游泳运动员必需的能源物质，运动员经过专门的力量训练后，为促进肌肉合成，需要通过摄入蛋白质来提供必需氨基酸。游泳运动员训练负荷较大，长时间的训练必然会损坏肌肉组织，而补充蛋白质可以促进新肌原纤维组织的快速合成，使受损组织尽快得到修复。游泳训练负荷的增加是循序渐进的，刚开始增加负荷时，机体可能不适应，破坏机体细胞，影响肌蛋白和红细胞合成代谢，而且应激造成的激素反应可能会引起运动性贫血。此时，适当补充蛋白质很重要。

　　游泳运动员进行耐力训练后，要促进肌糖原恢复，就要及时补充碳水化合物（每天每千克体重0.8克）和少量的蛋白质（每小时每千克体重0.2～0.4克），更好地释放内源性胰岛素，促进肌糖原恢复率的提升。游泳运动员在高强度训练中容易发生呼吸系统疾病，而高蛋白饮食（每小时每千克体重3克）能够有效降低发病率。

　　通常情况下，运动员每天摄入的总能量中，蛋白质应该约占12%～15%。在一般训练强度下，游泳运动员每天蛋白质摄入量的最佳标准是每千克体重1.2～2.0克，在大强度训练下，游泳运动员每天蛋白质摄入量的最佳标准是1.7～2.2克。有关研究表面，人体每天摄入蛋白质较为理想的量是每千克体重1.62克，如果超过这个量，不仅不会使瘦体重增加，还会给身体带来一些不好的影响。

## （二）碳水化合物

　　人体活动不管是器官活动、肌肉活动还是大脑活动，都需要碳水化合物提供能量，碳水化合物在三大能源物质中是最经济的，提供能量最快的。游泳运动员在训练中有大量的肌糖原被消耗，必须主要依靠补充碳水化合物来提供机体所需能量。有学者研究指出，结合游泳运动的能量供需特征，一般认为游泳运动员每天补充碳水化合物的量应以每千克体重3～10克为宜。通常，运动员每日摄入的总能量中，碳水化合物应占到55%～60%，这不是绝对的标准，游泳运动员要根据自己的训练情况和比赛需求来适当增加或减少碳水化合物的摄入量。

　　碳水化合物在运动时间超过90分钟的耐力项目中是主要能量来源，对于耐力性运动员来说，其营养方案中必然包含一条，即在运动前和运动中对碳水化合物加以补充。补充碳水化合物不但能够为中枢神经系统和肌肉提供能量，还能有效消除疲劳，促进机体恢复。在非耐力性项目中，碳水化合物同样是不可或缺的能源物质，补充碳水化合物能够促进大脑皮质兴奋性的提升，促进运动潜能的激发和增强。运动员在训练前摄入富含碳水化合物的溶液，有助于在训练中取得良好的成绩。如果运动前体内缺少碳水化合物，那么运动表现和运动成绩都会受到影响。随着训练负荷的不断增加，碳水化合物的摄入量也要相应增加，如果继续保持原有的摄入量，那么运动员在大负荷训练中很容易疲劳，很多训练内容都无法顺利完成。

有关测试显示，在最大强度和次最大强度的400米游泳训练中，碳水化合物摄入不足的运动员成绩下降10%，碳水化合物摄入充足的运动员运动表现良好，竞技水平并没有下降。可见，随着训练负荷的不断增加，游泳运动员必须适当增加糖原储备，以促进训练成绩的提升，而如果摄入不足，则容易较早出现疲劳症状，对正常训练造成影响。

高强度训练会造成免疫抑制，而补充碳水化合物能够减轻这种抑制。游泳运动员在较长时间的大强度训练中，免疫系统功能会受到制约，糖皮质激素的应激性会增强，而在运动前和运动中对碳水化合物的适当补充能减弱这些负面影响，使机体血糖水平保持稳定，抑制皮质醇释放，减少疾病发生率。总之，游泳运动员在训练前要补充适当的碳水化合物，训练中少量补充，训练后及时补充，从而提升机体的适应能力，使机体更好地承受不断增加的运动负荷和更强的负荷刺激。

## （三）脂肪

人体必需营养素中包含脂肪这一能源物质，人体最大的储能库就是能够直接参与供能的脂肪。1克脂肪产生的能量约9千卡。运动训练能够促进机体对脂肪利用率的提升，从而节约机体中蛋白质和碳水化合物的消耗。人体血液中睾酮浓度稳定性的保存也离不开脂肪，此外，对脏器予以保护、使体温维持正常、促进机体吸收维生素等都是脂肪的重要功能。游泳运动员主要在水中训练，而且水温要比体温低，所以补充脂肪很有必要，尤其要注意对必需脂肪酸的补充，以促进免疫系统功能的增强。游泳运动员每日摄入的总能量中脂类占比以25%~30%为宜。

## （四）矿物质

人体无法自主生成矿物质，人类必须从饮食中获取矿物质。下面介绍几种常见矿物质元素对游泳运动员的重要作用。

### 1.钙

骨质健康、脂肪代谢都离不开钙，游泳运动员适当补钙还可以控制体重，并促进神经传导活动的功能的维持。

### 2.铁

血红蛋白的合成以铁为主要原料，一些女运动员因为要控制热量的摄入，所以容易出现缺铁的问题，影响血红蛋白合成，使有氧运动能力受到负面影响。处于月经周期的女游泳运动员因为铁质流失而容易疲劳，影响运动表现和运动成绩。如果运动员存在慢性缺铁的问题，那么其健康就会受到影响，运动成绩也必然受影响，所以对这类运动员要加强医务监督和干预。游泳运动员要适当补铁，这对促进吸氧量的提升和使运动时乳酸浓度降低都有重要意义。

### 3.锌

在人体肌肉组织的生长、能量生产、免疫及修复中，锌都起到了重要作用。人体的基础代谢率、甲状腺素水平及其对蛋白质的利用率都直接受体内锌含量的影响。如果游泳运动员缺锌，那么其肌肉力量、心肺功能和耐力水平都将受到制约。注意补锌要严格控制剂量，不要过多摄入，否则会影响机体吸收其他营养物质。

### 4.钾与钠

对长距离游泳运动员来说，补充钾与钠至关重要，但运动员常常忽视对这类矿物质的补充。分别存在于人体细胞内、外的钾离子和钠离子作为电解质，具有调节体液平衡、酸碱平衡的重要功能。运动员在训练过程中大量出汗，电解质损耗大，容易出现心率不稳、肌肉痉挛的现象，也容易发生运动损伤,对训练和健康造成影响。因此游泳运动员必须适当补充钾与钠。

## (五)维生素

维生素是人体必需的有机化合物,人类健康和正常生理功能的维持都离不开维生素。游泳运动员补充维生素有助于保持健康,消除疲劳,促进恢复,预防运动伤病。下面介绍几种主要维生素对游泳运动员的重要作用。

### 1.B族维生素

人体肌肉组织的修复、能量的生成都离不开充足的B族维生素。维生素$B_1$、维生素$B_2$、维生素$B_6$、维生素$B_{12}$等均具有重要的作用,游泳运动员要重视对B族维生素的补充。

### 2.维生素C和维生素E

抗氧化、清除自由基生成是维生素C与维生素E的共同功效。

维生素C对细胞膜具有保护性作用,能够使其免受氧化损伤。游泳运动员在高强度训练中更应该补充维生素C,这有助于降低上呼吸道感染的发生率,减轻感染后的严重性,减少感染的持续时间。

维生素E的重要功能表现在保护红细胞免遭破坏,对机体蛋白合成具有重要促进功能。

### 3.维生素D

维生素D的功效主要表现为促进铁吸收,保持骨密度。游泳运动员长期在封闭的环境中训练,体内维生素D的含量比长期在户外训练的运动员要少很多,甚至低于正常水平。游泳运动员因缺乏维生素D而增加了呼吸道感染的患病率,因此必须重视对维生素D的补充。

## 三、游泳运动员膳食指导

### （一）能源物质比例适宜

游泳运动员在训练和比赛中消耗大量能量，必须在饮食中加强营养补充，保证营养全面，各类营养合理搭配，比例适宜，既要满足训练和比赛的需要，又要使体重和体脂保持正常，所以饮食数量和质量都要达到专项要求，满足专项需要。

适宜比例的能源物质对促进机体物质代谢和保持与提升运动能力具有重要作用。对于游泳运动员来说，脂肪、蛋白质和碳水化合物三大能源物质在总热能中的比例以30%左右、12%～15%以及55%～70%为宜。

### （二）食物多样，营养均衡

游泳运动员每日饮食不仅要达到总的热量要求，还要注意食物的多样性，全面补充营养，如纯热量食物，如糖、脂肪；高蛋白食物，如蛋、奶、鱼、肉、豆、禽等；维生素丰富的食物，如各种蔬菜和水果；谷类主食，如米、面、杂粮等，只有食物种类多样才能保证营养全面，满足训练中机体对能量的需求。

### （三）食物易消化，酸碱平衡

随着竞技游泳的不断发展，泳坛的竞争越来越激烈，游泳运动员在充满竞争的环境下神经系统常常处于高度兴奋状态，运动量的增加也加重了运动员的疲劳，影响了运动员的消化系统功能。对此，游泳运动员应多补充体积小、易消化的食物，每天进食的重量不超过5斤，以免增加肠胃负担，影响消化。此外，游泳运动员在训练中耗氧量大，肌肉中堆积大量乳酸，容易引起疲劳，所以在日常饮食中也要注意酸碱食物的平衡。

### （四）科学健康的膳食习惯

游泳运动员要保证一日三餐正常饮食，早餐、午餐和晚餐的能量各占总能量的30%、40%和30%。如果训练量非常大，能量消耗巨大，则可加餐，加餐要有营养，不能随便吃，一日三餐和加餐都要保证食物多样，营养全面丰富，营养密度较高。三餐的饮食安排要有侧重，如果上午训练，则早餐很重要，补充富含维生素、蛋白质的食物，热量高一些。如果下午训练，要特别重视午餐。不管什么时间训练，晚餐都不宜摄入高热量食物，否则会影响睡眠质量和第二天训练。不管哪一餐都不能大吃大喝，以免加重肠胃负担，增加发生运动伤病的风险。

游泳运动员科学健康的饮食还包括不抽烟、不喝酒，不喝含酒精的饮品，不吃对肠胃刺激性强的食物，饮食有节，这对运动员保持健康和提高运动水平具有重要意义。

# 第二节　构建科学的运动康复保健体系

## 一、游泳运动疲劳与消除

游泳运动是典型的周期性体育项目，不断重复单一动作，在长距离游泳项目中可能有几千次甚至上万次的重复动作，在这个过程中，神经肌肉受到的刺激也是重复单一的，长时间的刺激容易造成肌肉疲劳，影响游进速度和最终成绩。而在疲劳后如不及时消除，造成疲劳的积累，则会影响后续训练和比赛。在游泳运动疲劳研究中，要着重分析疲劳产生的原因，了解疲劳的症状表现，并有针对性地消除疲劳。

## （一）游泳训练中疲劳产生的原因

在游泳训练中，有多方面的因素都可能引起疲劳，如训练环境的因素、训练方法的因素、运动员自身的因素等。下面主要分析常见的也是比较重要的两个因素，即训练因素和环境因素。

### 1.训练因素

游泳训练处方必须根据运动员的实际情况去制定与实施，综合考虑运动员的性别、年龄、健康情况、运动水平、训练阶段、参赛计划等多方面的因素，合理安排运动量和运动强度。如果脱离运动员的实际而盲目进行高强度训练，随意增加训练时间，则很容易造成运动员疲劳和过度疲劳。例如，运动员长期进行长距离游泳训练，突然增加短距离冲刺游的训练任务，则很容易引起疲劳。同样的道理，习惯短距离训练的运动员去进行长距离游，体力跟不上，容易发生疲劳。

在游泳训练中，要合理安排运动强度和训练密度，运动强度不同，运动员训练结束后身心机能恢复正常水平所用的时间长短也有差别。训练密度的不同会产生不同的强度刺激效果，所以要合理安排间歇时间。对于训练水平较低的游泳运动员，不适宜安排大密度训练，即不适合采取短间歇训练方法，否则会给运动员的心脏器官带来负担，时间久了就会造成运动员过度疲劳。

游泳运动员如果连续进行高强度训练，能量过度消耗，身心过度劳累，可能引起内分泌失调。有的运动员在连续进行高强度训练或连续参加几场激烈的比赛后，有发烧、嗜睡等症状，这是疲劳散发的表现，在训练或比赛后必须采取积极性措施来消除疲劳，促进身心恢复。

### 2.环境因素

游泳训练中发生运动疲劳与训练环境也有很大的关系，在空气较差、通风不畅、水温较低的环境中训练，消耗的能量更多，很容易出现疲劳症状。再加上一些运动员营养补充不足，在训练中很容易透支体力，出现严重的疲劳问题。游泳池中水质较差容易引起中耳炎、结膜炎等慢性疾病，这些又会加剧疲劳程度，而如果不及时消除疲劳，可能会使暂时性疲劳发展为过度疲劳，严重损害身心健康，影响运动能力。

## （二）游泳运动疲劳的表现

游泳运动疲劳主要表现为神经性疲劳、肌肉疲劳、心理疲劳等，这些运动疲劳相互之间存在着一定的联系。

### 1.神经性疲劳

游泳运动员在训练中持续受到重复单一的刺激则容易引起神经性疲劳。神经性疲劳的产生与训练量大、训练时间长、长时间保持一种运动姿势等有关。简单来说，就是因为游泳训练单一枯燥，导致运动员神经功能紊乱，内分泌失调，出现神经性疲劳的一系列症状，具体表现如下。

（1）精神涣散，反应迟钝，无法集中注意力。

（2）动作变形，游起来很吃力。

（3）怕冷、急躁，训练后有睡眠障碍。

（4）重度神经性疲劳还会出现低烧、盗汗、厌烦训练等症状。

### 2.肌肉疲劳

肌肉疲劳是伴随神经疲劳而出现的，以身体上的综合反应为主，主要表现为物质代谢缓慢，身体机能水平下降，血色素指标不正常等。下面具体对肌肉疲劳早期、中期、后期的症状进行分析。

（1）疲劳早期

早晨安静脉搏不太稳定，需要较长时间才能恢复，游泳时四肢疲乏、无力，动作变形、僵硬，训练后血压和脉搏起伏大，肌肉明显酸痛。

（2）疲劳中期

呼吸频率加快，节奏紊乱，心率加快，需较长时间才可恢复。体重下降明显，甚至有发烧等感冒症状。这一时期胃口差，厌食，进食后消化不良，胃痛、肚疼总是反复。

（3）疲劳后期

疲劳后期盗汗、心律不齐，伴随一些身体疾病，如淋巴结肿大、中耳炎等，此时对训练没有兴趣，即使逐渐恢复后，训练兴趣也不高，如果依然在原来较为糟糕的环境中按原计划训练，可能会引起运动员的反感和排斥心理，这时需要优化训练环境和改善训练方法才能逐渐重新调动起运动员的训练积极性。

3.心理疲劳

游泳运动员在训练中出现心理疲劳很大程度上也是由单一重复的刺激所引起的。不管是神经性疲劳还是肌肉疲劳，都能从心理上反映出来，这些疲劳是相互联系的。神经疲劳中的神经失调症状引起机体器官功能减弱，伴随出现的一系列心理变化都属于心理疲劳的范畴。

游泳运动员心理疲劳主要表现为训练态度淡漠、兴趣减弱、自信心差、情绪低落等。这些心理反应又会导致身体器官功能水平进一步下降，使运动员总是昏昏沉沉，头晕、腿颤，无法正常训练。

## （三）游泳运动疲劳的消除

为了预防过度疲劳，在发生疲劳后尽快消除疲劳，促进身心恢复，在游泳训练中必须加强医务监督。教练员要善于从一些简单的生理生化指标测试结果中及时发现运动员的疲劳，了解疲劳类型和症状，有针对性地加以干预，促进恢复，同时运用一些科学的训练方式来促进运动员抗疲劳能力和自我保健能力的提升。

在发生运动疲劳的早期，不需要以停止训练的方法来缓解疲劳，而这时缓解疲劳的方法主要是减少训练量，或变化训练方法，不要一直用同一种姿势进行长时间的训练，要将陆上训练和水中训练结合起来，采取多元化的训练方式。出现明显的疲劳症状后，对训练环境进行调整和优化，加强营养补充，进行心理干预，引导运动员自我调节，逐渐缓解疲劳。疲劳程度越重，恢复时间越长，因此要及早发现和消除疲劳，防止疲劳累积。

目前，运动训练学领域常常采用的消除疲劳的方法有运动康复学方法、心理学方法、生理学方法、物理学方法等。一般要将多种方法结合起来运用，以获得更好的恢复效果，促进运动员机体功能的恢复和运动能力的提升。下面具体分析几种常见的疲劳消除法。

### 1.运动训练学消除法

参照运动训练学基本原理，从运动员疲劳程度、身体机能状态、运动表现等实际情况出发采取恢复方式，将积极性调整与休息的关系处理好。为了更好地恢复运动员心血管系统功能，避免运动员因疲劳而对训练失去兴趣，可采取一些积极性恢复的方式，如降低运动强度，减少运动量，陆上练习和水中练习交替进行。

### 2.心理学消除法

游泳运动员在训练中出现神经性疲劳，精神紧张，则会消耗大量的心理能量，从而引起心理疲劳。消除心理疲劳就是尽快恢复心理能量。心理学上有很多消除疲劳的方法，常用方法如下。

（1）默念催眠法。

（2）自我暗示法。

（3）稳定情绪法。

（4）诱导性神经与肌肉放松法。

（5）智能教育法等。

### 3.其他消除法

（1）加强营养

加强营养是促进运动员体力恢复的重要策略，运动员训练结束后必须及时补充营养，营养要丰富、全面、均衡，要特别重视对矿物质、维生素、蛋白质的补充。

（2）物理疗法

水疗、理疗、电疗、牵拉、按摩等物理疗法都是消除疲劳的有效措施，采用这些方法不但可以使疲劳减轻，还能补充局部营养，改善睡眠质量。

## 二、游泳训练中常见不适与处理

### （一）擦伤

1.原因

游泳池边或池壁不光滑。

2.症状

轻者皮肤红肿，重者流血。

3.处理

表皮擦伤，立即擦碘酒，用消毒纱布包扎。严重时去医院处理。

4.预防

选择标准的游泳池训练。

### （二）腹痛

1.原因

游泳前吃得太饱；吃了过多不易消化的食物；腹部着凉；准备活动不充分；水中练习时呼吸节奏紊乱等。

2.症状

胃痉挛，脐周围疼痛；肠痉挛，左下腹部疼痛。

3.处理

减慢速度，调整呼吸节奏，游至池边立即上岸，用手按压疼痛部位，深呼吸几次，缓解疼痛，直至消失。

### 4.预防

注意饮食卫生，饭后1小时再训练；充分做好准备活动；游泳时调整好呼吸节奏。

## （三）肌肉酸痛

### 1.原因

运动量过大，准备活动不充分等。

### 2.症状

走路、爬楼梯时肌肉难受。

### 3.处理

一般肌肉酸痛，一两天后自动消失。严重者局部热敷，温水淋浴或按摩。

### 4.预防

循序渐进增加运动量，运动前做好充分的准备活动，准备阶段多种伸展放松的游泳练习。

## （四）肌肉韧带拉伤

### 1.原因

准备活动没做好就进行较大强度的长时间训练，给肌肉和韧带造成大量刺激；游泳动作不规范。

## 2.症状

关节部位肿胀，疼痛难忍。

## 3.处理

如遇膝关节韧带部分撕裂或完全撕裂，则应现场紧急固定好后，立即送医院治疗，途中不要揉、捏、按摩膝关节。

## 4.预防

做好准备活动，尤其是肩肘关节、膝关节和腿部的活动，直至感到发热；加强肌肉力量练习；加强关节柔韧性练习；动作正确。

## （五）耳朵进水

### 1.原因

在游泳中，头部位置经常改变，当外耳道与水面形成一定角度，水压大于外耳道内空气压力时，外耳道内一部分空气被排出，水就会进入耳朵。

### 2.症状

耳部不适，听力减弱。

### 3.处理

耳内有水一定要及时排出，以免感染，引起中耳炎。

（1）吸引法

头偏向进水耳朵一侧，用手掌紧压耳朵，屏息，手掌迅速提起，反复几次将水吸出。

（2）跳震法

站在岸上，头偏向进水耳朵一侧，以同侧腿支撑身体，原地连续跳几次，使耳内水流出。

（3）引灌法

头侧向耳内无水一侧，然后将耳药水或清洁水灌进耳内有水一边，将水一倒而出。或用细棉签伸入有水耳内来吸水。

**4.预防**

戴耳塞训练。

## （六）呛水

**1.原因**

呼吸技术不熟练，水从鼻腔中进入呼吸道而引起呛水。

**2.症状**

伴随反射性痉挛，呼吸困难，甚至窒息。

**3.处理**

不要惊慌，维持身体平衡，立即做踩水动作或抬头游蛙泳或仰浮水面，迅速化解危机。

**4.预防**

在还未完全掌握呼吸技术时，不要到深水区游泳。

## （七）鼻窦炎

**1.原因**

呼吸不正确或呛水，水进入鼻窦，如果水质污染严重，而自身抵抗力又查，则可能引起鼻窦炎。

2.症状

鼻子两边或上部疼痛，流黄色鼻涕，严重者头痛、流浓鼻涕。

3.处理

游泳后热敷鼻子，促进局部血液循环，帮助消炎。若鼻子里进水，轻轻向外挤，不要使劲捏，否则会将水从鼻咽腔挤到中耳中，引起中耳炎。慢性鼻窦炎应到医院治疗。

4.预防

掌握游泳呼吸方法，避免呛水。

## （八）中耳炎

1.原因

游泳池水不清洁，水进入耳道感染；呛水时水由咽部的耳咽管进入中耳而引起发炎。

2.症状

耳鸣，耳内不舒服。

3.处理

耳朵进水时，可采用上述耳朵进水处理方法倒出耳中的水。如果已引起中耳发炎，则应及时到医院治疗。

4.预防

戴耳塞游泳，防止耳中进水，若已经进水，及时把水排出。

## （九）结膜炎

### 1.原因

水质不干净，病菌侵入眼内引起。

### 2.症状

眼睛发红，怕光、疼痛、流泪等。

### 3.处理

游泳后滴几滴眼药水，结膜炎患者应到医院治疗。

### 4.预防

选择干净的游泳池进行训练；戴游泳镜游泳。

## （十）晕厥

### 1.原因

身体机能状况不佳，加上水温和气温过低，较多的血流向四肢肌肉或在皮下静脉中滞留，回心血量减少，使脑部缺血导致晕厥。

### 2.症状

怕冷，身体颤抖；四肢麻木如针刺，耳鸣头昏；太阳穴疼痛，眼前发黑；皮肤呈青紫色。

### 3.处理

在水中感到头晕时，迅速上岸，擦干身体，穿好衣服，做好保暖措施。严重者身体仰卧，头放低，脚适当抬高，然后请医生急救。

# 第三节 构建完善的自我监督体系

自我监督是游泳训练中常用的一种自我保健方法，运动员在训练期间对自己的健康状况、生理机能变化进行观察，及时发现疲劳，及早干预，并做好预防。游泳运动员在训练中的自我监督主要从主观感觉和客观检查两个方面来落实。

## 一、主观感觉

### （一）一般感觉

训练水平较高的游泳运动员常常精神饱满，身心愉悦，精力充沛，但如果训练强度过大，就可能出现四肢无力，精神不振，易激动和疲劳等现象。运动员要真实记录自己的各种反应。

### （二）食欲情况

运动员在训练中能量消耗大，急需补充丰富的营养物质。训练有素的运动员往往食欲比较好，消化系统功能也较好。如果存在过度训练的问题，则可能导致食欲下降、消化功能紊乱。运动员在训练期间要如实记录自己的食欲情况。

### （三）睡眠情况

科学合理的游泳训练能够使运动员的神经系统功能维持稳定，训练水平较高的运动员经过科学训练后，往往睡眠质量好，入睡快，能熟睡较长时间，醒后精力充沛，精气神十足。如果训练不科学，运动量过大或训练方法不合适，则可能会导致睡眠质量差，出现失眠、多梦、易醒等现象，醒后头晕、精神萎靡不振。游泳运动员同样要记录好自己的真实睡眠情况。

## （四）运动心情

能很好地坚持训练的运动员，在长期科学合理的训练中，竞技能力不断提升，运动成绩越来越好，自信心也随之提升，训练的积极性很高。而如果训练不当，出现过度疲劳或运动伤病等情况，则可能影响运动员的训练兴趣和积极性。运动员在训练期间记录自己的运动心情能够客观上反映出训练中的一些问题。

## （五）不良感觉

训练水平较低的运动员，在训练初期因为神经、肌肉和心理都处于紧张状态，身心适应性较差，所以常常出现身体乏力、肌肉酸疼、自主活动积极性差等现象，这些都是正常的，经过一段时间的休息和积极性调整可以恢复。

但如果运动员在训练后常常有一些不良感觉，如头晕、恶心、胸闷、呼吸困难、心悸、食欲减退、睡眠差等，说明训练过程中出现了问题，训练方案不合理，需要对原来的训练计划进行合理调整，适当减少运动量或变换训练方式。

## 二、客观检查

客观检查主要采取以下指标。

## （一）肺活量

游泳训练能够明显增强运动员的呼吸功能，增加肺活量。但如果训练不合理，运动量过大，则可能引起过度疲劳，出现呼吸频率快，肺活量减少等现象。

## （二）心率

训练结束后，在恢复期多观察心率变化。训练结束5分钟后监测心率，监测结果可用来作为判断运动量大小的指标，如果运动量大，则心率监测结果显示大于120次/分钟。训练结束10分钟后再监测心率，结果低于100次/分钟时，说明训练强度一般。

在心率监测中，建议摸颈动脉，而不是手腕动脉，后者可能会导致测试结果不准确。一般测10秒心率即可，心率值乘以6即为1分钟心率，也可以测15秒心率，心率值乘以4即为1分钟心率。

## （三）游泳成绩

科学而系统的游泳训练能够促进运动员游泳成绩的提高，如果运动员训练成绩没有明显提高，停滞不前甚至下降，则考虑是否存在训练方法不合理的问题。

游泳运动员自我监督表见表9-1。

表9-1 自我监督表[①]

| 姓名 | 日期： | | | |
|------|------|------|------|------|
| 主观感觉 | 一般感觉 | 良好 | 一般 | 不好 |
| | 食欲 | 良好 | 一般 | 减退 |

---

① 施纯志.水上运动与健身[M].哈尔滨：哈尔滨地图出版社，2009.

续表

| 姓名 | 日期: | | | |
|---|---|---|---|---|
| 主观感觉 | 睡眠 | 良好 | 一般 | 不好 |
| | 运动心情 | 很想训练 | 愿意训练 | 厌烦训练 |
| | 不良感觉 | | | |
| 客观检查 | 脉搏 | 次/分 | 规律 | 不规律 |
| | 肺活量 | 毫升 | | |
| | 运动成绩 | 良好 | 一般 | 不良 |

# 参考文献

[1]陶焘作.游泳运动员身体功能训练理论与实践[M].武汉：武汉大学出版社，2021.

[2]（英）保罗·梅森著；张国莉译.游泳技巧训练完全图解 让你游得更快更好[M].北京：人民邮电出版社，2016.

[3]严红.现代竞技游泳科学训练方法与实践案例[M].北京：人民体育出版社，2016.

[4]徐国峰.水中训练 掌握游泳姿势、精进技术、突破速度[M].北京：人民邮电出版社，2016.

[5]刘聪.青少年竞技游泳训练理论实践[M].天津：天津科学技术出版社，2020.

[6]闫永兰.游泳运动理论与训练研究[M].长春：吉林出版集团股份有限公司，2020.

[7]文彩凤.游泳救生技术与训练研究[M].哈尔滨：黑龙江人民出版社，2019.

[8]徐标.现代游泳技术的训练与教学[M].北京：九州出版社，2019.

[9]段静彧.游泳技能训练及水上救生[M].上海：同济大学出版社，2019.

[10]周超彦，韩照岐，冯连世.游泳长距离项目专项训练生理生化监控方法研究[M].杭州：浙江大学出版社，2019.

[11]南来寒.仰泳[M].长春：吉林文史出版社，2014.

[12]杨欣林.青少年游泳运动员体能训练的创新策略研究[J].当代体育科技，2021，11（13）：59-61.

[13]摩尔·金斯坦，大卫·特纳著；范英华，张勇译.游泳[M].长沙：湖南文艺出版社，2002.

[14]王维智.游泳比赛中转身技术的运动训练学分析[J].教育教学论坛，

2014（05）：152–153.

[15]王艳.游泳训练比赛中运动员心理素质的影响[J].文体用品与科技，2021（10）：57–58.

[16]高飞.浅析游泳训练中的心理疲劳与缓解手段[J].当代体育科技，2012，2（25）：13–14.

[17]程燕，许琦等.游泳运动训练科学化理论及方法的研究[M].北京：北京体育大学出版社，2006.

[18]陆一帆，方子龙，张亚东.游泳运动科学训练与监控[M].北京：北京体育大学出版社，2007.

[19]陆一帆，方子龙，张亚东.游泳运动训练生理生化及运动医学的理论与实践[M].北京：北京体育大学出版社，2005.

[20]杨桦，李宗浩，池建.运动训练学导论[M].北京：北京体育大学出版社，2007.

[21]曹青军.运动训练理论与实践[M].北京：北京理工大学出版社，2010.

[22]施纯志.水上运动与健身[M].哈尔滨：哈尔滨地图出版社，2009.

[23]李华.游泳救生及水上运动[M].北京：清华大学出版社，2015.

[24]张颖，张坤.蝶泳[M].长春：吉林出版集团有限责任公司，2008.

[25]吴河海等.蝶泳技术与练习[M].北京：人民体育出版社，2001.

[26]膳书堂文化.游泳入门与指导[M].北京：中国画报出版社，2009.

[27]（美）马格利索著；温宇红等译.游得最快游泳技术训练及计划设计宝典[M].北京：北京体育大学出版社，2016.

[28]薛继升，杨明.蛙泳[M].长春：吉林出版集团有限责任公司，2010.

[29]吕雪.游泳运动学练导论[M].北京：北京体育大学出版社，2018.

[30]乔侨.游泳运动员膳食营养需求的研究进展[J].当代体育科技，2021，11（12）：24–26.

[31]武利华.蛙泳[M].天津：天津人民美术出版社，2018.

[32]吴河海等.蛙泳技术与练习[M].北京：人民体育出版社，2001.

[33]渠扬.游泳教学与训练指南[M].北京：原子能出版社，2014.

[34]黄韬，付强，魏梅.游泳运动教学训练的理论与实践性探析[M].长春：吉林大学出版社，2014.

[35]曹永臻.中国游泳年龄组运动员体能训练理论与实证研究[M].北京：人民体育出版社，2014.

[36]梁媛，张楠楠，刘丹.游泳教学训练手段的科学化探讨[M].北京：中国时代经济出版社，2013.

[37]严蓓.竞技游泳赛前立体训练控制的理论与实践研究[M].北京：人民体育出版社，2013.